面接&自己PRの正解例

成美堂出版

― 本書の使い方 ―

　面接での自己PRを軸とした回答の正解例を多数掲載していて、すぐに使えるパターンや知識が身につき、スピード攻略できるのが本書の特徴です。「平凡」でも内定できる突破法がちりばめられているので、自分に合ったアピールが見つかるでしょう。また、情報がオールインワンでまとまっていて、直前でも対策が可能です。以下、主な章の使い方をピックアップします。

▼第4章 面接の質問&正解例

面接官が知りたいこと
質問の意図などについて紹介しています。

攻略法
どのように回答したらよいかについて、攻略法を載せています。

正解例
質問に対する正解例を掲載。ポイントをアンダーラインで示しています。

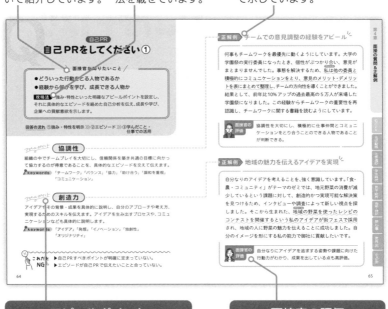

アピールポイント
アピールする能力・特性を例示して、これらをどのように、どのようなキーワードを用いればアピールできるかを紹介しています。

面接官の評価
自分が回答を考える際、どのような視点で見られているのかを知るための参考にしてください。

質問・回答
シミュレーション

各段階における面接での面接官の質問と就活生の回答のやりとりを再現したシミュレーション。

ポイント

回答で重要な点を示し、その内容に関する面接官による評価を載せています。

チェック
リスト

面接の対策に役立つチェックリスト。面接までの企業との連絡や、面接時、面接後の面接ノートなどについて、ポイントを網羅しています。

チェックボックス

ボックスに自分でチェックを入れて、抜けのない対策をしましょう。

CONTENTS

本書の情報は、原則として2023年10月1日現在のものです。

第 **1** 章

面接&自己PR
の基本

面接と自己PRについて、それぞれの意味合いや関係性、評価される要素など、内定をとるために必ず知っておきたい基本的なポイントを、この章で押さえていきましょう。

就活では面接がすべてを決める

就職活動の最大の山場である面接は、就活生にとって避けて通れない道です。
なぜ面接が重要なのか、その意図とともに見ていきます。

point

- 面接では企業との相性も見られている
- 企業は志望度の高さを面接で知りたがっている

自分を知ってもらうのが面接の目的

企業の選考フローには、エントリーシートや適性試験といったものがありますが、就活生にとって最大の関門は面接といえるでしょう。面接は、他の選考フローとは明らかに考え方が異なります。**エントリーシートや適性試験は志望者を絞り込むためのものであり、面接は選考を通過させる人を決めるという考え方**になります。

面接は、企業が就活生を一方的に評価するだけではなく、就活生から企業が質問を受けることで、企業のことを知ってもらう機会であるという点も、他の選考とは異なる点です。企業をより知ってもらうことで、入社意欲を高めてもらおうというねらいもあるのです。

面接官が面接で見ている企業との相性

ほとんどの企業において、面接による人物評価は最重要の選考と位置づけられています。いくら学業が優秀な人物であっても、企業の業務に合うとは限りません。

近年では3割もの新入社員が3年以内に離職するというデータもあり、**入社前に企業との相性を見極めることのできる面接は、企業と就活生の双方にとって重要な機会**になっています。言いかえれば、お互いをよく知るためにも、面接は必要不可欠な場になるのです。

▶ **よい人材を入社させられるか否かは重要な事業戦略の一つ**

　企業として、自社に合った優秀な人材を新戦力として入社させることは、将来的に自社を成長・存続させるのに欠かせないものであり、企業の将来を左右する重要な事業の一環です。したがって、**面接では将来の企業を担ってもらえる人材なのか、あらゆる角度から質問を投げかけて見極めようとする**のです。

活躍できる人物か、入社意欲があるかを見極める

　企業が面接で就活生から得たい情報は、履歴書やエントリーシートだけではわからない人物像であり、能力・特性、志望度の高さです。**どんな人物で社会人としての適応性があるのか、自社で働くのに適した人物か、面接において就活生の回答の内容や表情、雰囲気などから察しようとしているのです。**

　また、就活生の企業への志望度も大きな関心事です。企業としては、自社を第一志望としてくれる人と一緒に仕事をしたいと思うのは当然です。口では第一志望といいつつも、実際は異なるケースもあるでしょう。そのため、**面接官は質問を投げかけることで、就活生の入社意欲を探ります。**

[面接で見られる主な要素]

社会人としての適性
どんな人物か、
活躍できるポテンシャルはあるか

組織で働くことの適性
チームでの仕事ができるか

企業との相性
企業の理念や社風に
共感しマッチしているか

企業への志望度
本当に企業に入社したいという
意欲があるか

面接での回答はすべて自己PR

面接の目的の一つは、自分が入社したら会社に貢献できる人物だと知ってもらうことにあります。その点で、自己PRは面接での最大の焦点です。

- 自己PRでは採用する企業の視点を意識する
- 短所ですら自己PRへと転じさせる意識を持つ

自分を売り込むのが面接の基本

　面接の究極の目的は、就活生が将来的に企業でどう貢献してくれる人物であるかを企業側が見極めることにあります。その判断のための最大の材料が就活生による自己PRです。いかに高い能力を持っていたとしても、企業に伝えない限り意味はありません。つまり、**自己PRで企業の面接官に自分のことをどれだけ知ってもらえるかで採用されるか否かが決まる**といっても過言ではないのです。

▶ 短所も自己PRにする

　面接において、面接官の質問に対する就活生の回答は基本的に「すべて自己PR」であると考えておいてよいでしょう。面接で自己PRを求める質問はありますが、他の質問、例えば「あなたの短所について述べてください」という質問であったとしても、自己PRであるととらえるべきなのです。

　「私の短所は気が短いところです」などという回答で終わらせずに、「気が短いのは短所だが、どんなことでも効率的に最短の時間でこなさなければ気がすまない」、「短所を克服するために、禅寺での修行を体験し、大事なことに対してはじっくり取り組む姿勢が身についた」など、弱点をしっかり認識しており、乗り越えようと努力している姿勢を見せることが大事です。

自分の強みで企業にどう貢献できるかアピール

　自己PRをするためには、自分自身について正確に理解していることが前提といえます。そのうえで、**自分の強みや経験を面接官に伝え、企業に対して自分は将来どういう貢献ができるかイメージさせることが一つのゴールです。**

　自己PRをする際に注意したいのは、過剰すぎるアピールや虚偽の情報を伝えることです。面接官は、面接中の態度や発言、経歴や人柄などの要素を総合的に判断しますが、**面接官に自分らしさを理解してもらえないのでは意味がありません。**

▶ 相手の視点を考える

　自己PRをする際には、採用する相手側の視点を考えることも欠かせません。面接官は、企業の理念や社風に合った人材であるかなど、採用したいと考えている人物像を明確に持っています。いくら優秀な人材であっても、企業の考える人物像に合わなければ、採用されることはありません。したがって、企業の求める人物像を理解し、その人物像に合致した内容を面接で伝えることが重要です。

［ 面接と自己PRの概要 ］

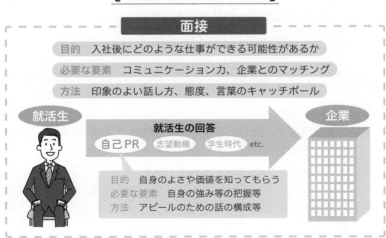

面接

目的　入社後にどのような仕事ができる可能性があるか

必要な要素　コミュニケーション力、企業とのマッチング

方法　印象のよい話し方、態度、言葉のキャッチボール

就活生　　　　　　　　　　　　　　　　　　企業

就活生の回答

自己PR　志望動機　学生時代　etc.

目的　自身のよさや価値を知ってもらう
必要な要素　自身の強み等の把握等
方法　アピールのための話の構成等

質問に応じた回答の方法
自己PRをどう面接に落とし込むか

面接で重要なのが、自己PRで自分を知ってもらうことです。そのためにも、
正しい自己PRの仕方を知っておかなければなりません。

- ● 仕事で活かせる強みをアピールする
- ● 自己PRではエピソードの裏付けが重要である

何を自己PRするか明確にする

　面接で企業の面接官が行う質問は様々ですが、最も一般的なものが「自己PRをしてください」という質問です。また、あらゆる質問は自己PRに通じるものであり、面接でいかに自己PRができるかは、合否を分ける重要なポイントになってきます。

　自己PRを面接で行うためには、何を自己PRするべきかが自分の中で明確になっていなければなりません。そのために行うのが己を知ること、すなわち自己分析を行うことです。**自己分析を行って、自分の特徴をしっかりと把握して整理することが、自己PRのための第一歩**となります。

入社後をイメージさせる

　自己PRするべき内容は、自分の強みである能力、特性、価値観です。面接官は、就活生が入社したらどのような仕事で貢献をしてくれるのかが知りたいのであり、就活生の強みを、それを判断するための一つの材料とします。

　リーダーシップを自分の強みとする就活生であれば、ゆくゆくは部署をまとめる人間になってくれるであろうと推測ができますし、アイデアが豊富な就活生であれば、自社の商品開発にも寄与してくれるの

では、との期待が持てます。

　つまり、**面接で自己PRすべき内容は、仕事で活かすことのできる就活生の特長でなければならないのです。**

自己PRはエピソードで説得力を持たせる

　自己PRを面接で話す際は、単に「私にはリーダーシップがあります」と伝えただけではまったく説得力がありません。百戦錬磨の企業の面接官にとって、底の浅い決まり文句である言葉など、あまり意味をなさないからです。

▶ 未来を想像させるためのエピソード

　大事なのはリーダーシップを発揮したことがあるというエビデンス（証拠）を示すことです。**どのような場面であなたの強みであるリーダーシップを発揮したのか、過去の経験を示して伝える必要があります。**

　エピソードの要素を含んだ自己PRであれば、どのような成果や経験を積んできた人物であるか、経験を通じてどのように成長してきたのかも伝えることができます。そして、入社後の就活生の未来をも予測させる有効な材料となり得るのです。

[面接で有効な自己PR]

自分の強み・特性のアピール

仕事で活かせる自分の
強みや特性、能力

エピソードの提示

強みの根拠、
積んできた成果や経験

入社後の未来の予測

入社したら、どのような
仕事ができそうか

面接における正解と評価基準のロジック

面接での評価を押さえる

面接で一般的に何が評価されるのかは、面接を受ける前に知っておくべきです。ここにあげる、評価される6つのポイントを押さえておきましょう。

- ● ビジネスの基本であるコミュニケーション力は必須
- ● 能力・特性・ビジョンを伝える

求められる第一印象とコミュニケーション力

　面接は、面接官の視点や、企業の評価基準によって異なる結果になることがあります。それでも、面接で評価されるには、一定のポイントを理解しておくことが重要です。複数の企業から内定をもらう就活生は、以下の基本的なポイントを間違いなく押さえているものです。

▶ ①第一印象

　第一印象は、身だしなみ、態度、顔の表情などにより決定されます。**第一印象で好感を持ってもらえれば、その後の面接でのやりとりを有利に運ぶことができる**。基本的にチェックするべき点を押さえることができれば、マイナスの評価がされることはありませんので意識しておきましょう。

✓Check Point

☑ 身だしなみ	社会人としてふさわしいもの（P.216）。
☑ 挨拶	状況に応じた挨拶がタイミングよくできる（P.218〜）。
☑ 表情	明るく好感が持てる。
☑ 目線	タイミングよく目が合う。
☑ 声の大きさ・質	適度な大きさで、ハキハキとしており、聞き取りやすい。

▶ ②コミュニケーション力

　ビジネスにおいて、**コミュニケーション力は必須といってよいため、この点について就活生は強化しておく必要があります。** コミュニケーションの基本的な能力は、すぐに身につくものではありませんが、日頃からコミュニケーション力の向上を意識して、多くの人と会話やディスカッションをするようにしましょう。

✔**Check Point**

☐ 言葉のキャッチボール	きちんと言葉のやりとりができる。
☐ 適切な回答	聞かれた質問に対して適切な回答ができる。
☐ わかりやすい表現	明確かつわかりやすい言葉で表現ができる。
☐ 聞く力	面接官の話すことを正確に聞くことができる。
☐ 身振り・手振り	相手に効果的に強調できる。やりすぎはNG。
☐ 周囲への考慮	グループディスカッションなどで、場の状況をくみとりつつ、筋立てて話せている。

能力・特性・ビジョンは最重要な要素

▶ ③能力・特性・ビジョン

　就活生の強みである能力・特性・ビジョンが何であるかは、**面接の評価で大きな比重を占める要素です。** 組織で働くうえでの協調性や行動力といった基本的な能力・特性に加えて、入社後の活躍を想像させられるような将来へのビジョンや強みがあれば積極的にアピールします。

✔**Check Point**

☐ 強みの伝達	就活生の能力・特性・ビジョンがよくわかる。
☐ 強みからの行動	強みが表れた行動が経験からわかる。
☐ 将来像の予想	入社後の活躍ぶりがイメージできる。
☐ 組織の中での協調性	組織で仕事をするのに適した人物である。
☐ 社会人としての適合性	社会人にふさわしい人物である。

話に矛盾がないように注意

▶ ④論理性・一貫性

　面接でのやりとりでは、**論理性・一貫性があることが不可欠**であり、自分がした回答に矛盾がないかを意識します。矛盾があれば、その段階で就活生が話したことは「嘘だったのか」という判断になってしまいます。特に前もって準備していなかった質問では、考え方などが前にされた質問の回答と変わってしまうこともあるので要注意です。

✔Check Point

☑論理性	回答の内容が論理的である。
☑内容の統一性	それぞれの話のつじつまが合っている。齟齬（そご）がない。
☑態度と内容の一貫性	就活生本人の雰囲気や態度と話す内容にズレがなく、一貫性がある。

志望度の高さ・マッチングも重要

▶ ⑤入社意欲

　面接官は、本当に就活生が自社へ入社したいのかを面接の受け答えから確認しようとしています。仮に就活生が「御社が第一志望です」と伝えたとしても、本当に第一志望であるのかはわからないものです。したがって、**第一志望として絶対に入社したいという姿勢が面接官に伝わるようアピールしなければなりません。**

✔Check Point

☑会社説明会	会社説明会に参加している。
☑インターンシップ	インターンシップに参加している。
☑業界研究・企業研究	十分に業界研究・企業研究をしていることがわかる。
☑OB・OG訪問	OB・OG訪問などで積極的に企業を知ろうとしている。
☑話からの熱意	エピソードや話から入社への熱意が伝わる。
☑逆質問	面接官へ入社後の具体的な質問を投げかけている。

▶ ⑥企業とのマッチング

　企業が望む人物像に適しているかという点も大事な項目になります。**自分の能力・特性と企業とのマッチングポイントを探しておき、自己PRでの回答でその点をアピールします。**

✓Check Point

☐ 人物像	企業の望む人物像に当てはまる。
☐ ビジョン	就活生の仕事のビジョンが企業で実現できる。
☐ 魅力	一緒に働きたいと思わせる魅力がある。
☐ 社風	企業の社風に馴染める特性や雰囲気を持っている。

[やってはいけないNG行為]

①受付での挨拶ができない	面接会場の受付で挨拶ができているかどうかは、チェックされる。「大学名をいわない」、「名字だけをいい、フルネームをいわない」はNG。
②隣の人とのおしゃべり	面接を待っている待合室で、情報交換や就活の苦労話で自分たちだけで盛り上がってしまいがちだがNG。
③人に対する配慮がない	集団面接などで自分ばかり目立とうとする。自己中心的で協調性が感じられない。
④「うん」と相槌を打つ	本人は話を聞いているつもりで、相槌を打っているのだが、細かいところでも相手の心証が悪くなる。
⑤礼儀正しさや敬意を欠く	挨拶等の基本的な礼儀ができず、偉ぶった不遜な態度をとっている。
⑥聞かれていないことまで話す	面接で聞かれていないことを話したり、話が脱線しすぎたりするのはよくない。重要なことが印象に残らなくなる。
⑦改善策や行動がともなわない	分析や指摘ばかりで改善策や行動がともなわない。
⑧知識をひけらかす	聞かれてもいないのに、自分の持っている知識を長々と話す。
⑨同じ質問をする	説明会や面接で話したことを再度、質問する。

インターンシップは参加すべきか？

　大学生が企業で就業体験などを行うのがインターンシップです。インターンシップに参加することで、志望企業についてより深く知ることができるとともに、企業に対する入社意欲を示すこともできます。面接の際には、インターンシップに参加した経験は最高の話の「ネタ」にもなります。インターンシップの内容としては、グループワークや若手社員との交流会、職務体験などがあります。これらを通じて、会社説明会ではわからない内容について知ることができるのもインターンシップの魅力といえます。

　なお、インターンシップの重要性が増している今、特に人気企業においては参加者を絞り込むための選考として面接が実施されるケースもあります。

●インターンシップの参加は選考に影響

　2022年の夏休みからは、従来のインターンシップ・1day仕事体験が明確に分類されました（以下の表参照）。この分類にともない、企業はインターンシップで取得した評価を含む学生の情報を、選考に用いてもよいこととなりました（文部科学省、厚生労働省、経済産業省による合意）。したがって、内定の可能性を高めるならば、インターンシップへの参加は重要な要因といえます。

[学生のキャリア支援の取り組みの4分類]

オープン・カンパニー	学生が「企業・業界・仕事を具体的に知る」もので、企業説明会などが該当。採用には直結せず。
キャリア教育	主に大学1〜2年生を対象として、自らの職業観を考えるのが目的になるものが該当。採用には直結せず。
汎用的能力・専門活用型インターンシップ	短期5日以上、長期2週間以上で、その仕事に就く能力が自らに備わっているかを見極める機会。採用に直結することが「公認」されるインターンシップ。
高度専門型インターンシップ	長期2か月以上で修士課程以上の学生向けであり、自らの専門性を実践で活かし向上させるもの。採用に直結することが「公認」されるインターンシップ。

第 2 章

自己PR
のための準備

自己PRは事前に時間をかけて準備する必要があります。本章では、自己PRをするまでの準備である、自己分析の行い方から、業界・企業研究、エピソードの作成法など、自己PRを完成させるまでの流れについて解説していきます。

自己PRをまとめる

入社後に活躍できることを伝える

自己PRすべき要素は、企業の求める人物像と乖離していないことが大事ですが、どの企業でも重視される内容についても押さえておきます。

Point

- 自主性や協調性は最重要ポイント
- 仕事選びの軸をしっかり伝える

自己PRではエピソードからの成長や学びを伝える

　面接における自己PRで重要なことは、**入社したらどんな仕事をしてくれる人物なのか、面接官が判断するための材料を就活生が伝えること**です。これらを判断するにあたって、以下にあげる要素は大半の企業で重視されるものであり、自己PRに盛り込むべき基本的な要素になります。

自己PRで企業が見ているポイント

▶ **能力**

　企業にとって、就活生が持つ能力は関心事の一つです。社会人を経験している人であれば、これまでのキャリアからどんな能力を持っているのか想像できます。その点、就活生は本格的な職務経験を積んでいませんので、仕事で役立てられる能力は未知数です。したがって面接官は、就活生の能力を示す言葉に加えて、**それらを表したエピソードが伝えられているかについて判断することで、能力のポテンシャルをはかろうとしています。**

▶ **特性（パーソナリティ）**

　どのような特性であるかも、就活生を判断するうえで欠かせないも

のです。中でも主体的な行動ができることは、企業では重要なポイントです。**入社したら上司の指示を待っているだけの人物なのか、それとも自ら考えて動くことのできる人物なのか**、当然、面接官は後者の人物を評価することになります。また、企業ではチームでの仕事が中心であり、組織である以上、協調性はどんな職種でも重要になってきます。これらの特性を伝える場合も、具体的なエピソードは欠かせません。なお、伝える特性自体に正解はありませんが、面接官は企業とのマッチングを意識していることを忘れてはなりません。

　自己成長できる人物であるかという点も、面接官が関心をよせるポイントです。いくら現段階で能力が高くても、**成長性を感じさせない人では一緒に働きたいと思えません**。過去の経験から成長したエピソードがあるか、スキルの向上に対する意欲が見られるかについても、面接官はチェックしているのです。

▶ ビジョン・仕事観

　面接官は**就活生の将来のビジョン、仕事に対する考え方も把握したいと考えています**。就活生が将来望むキャリアや志向性はどんなものであるのか、なぜ自社で働きたいのか、どのような価値観を持つ人物なのか、これらの材料をもって入社への意欲をはかります。

　また、**志望動機との一貫性がないと説得力に欠けるため、自己PRと志望動機につながりがあるか意識することも大事です**。

［ 自己PRと志望動機 ］

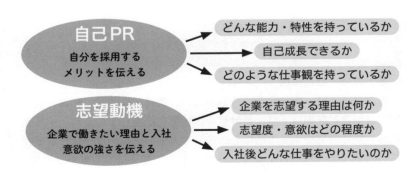

自己PR
自分を採用する
メリットを伝える

→ どんな能力・特性を持っているか
→ 自己成長できるか
→ どのような仕事観を持っているか

志望動機
企業で働きたい理由と入社
意欲の強さを伝える

→ 企業を志望する理由は何か
→ 志望度・意欲はどの程度か
→ 入社後どんな仕事をやりたいのか

自己PRは丁寧に準備する

自己PRは、エントリーシート作成時に行っていても、特定企業の傾向も踏まえ、さらに深く掘り下げて準備しておきます。

- 自己PRの準備としては自己分析がスタートライン
- 業界・職種を考慮し、特性と照らし合わせて自己PRを準備

自己PRのためには段階を踏むべき

自己PRをするためには、自分がどんな能力や特性、価値観を持ち、どんな状況のときにどんな行動をとる人物であるかを理解しておく必要があります。したがって、自己PRの準備としては「自己分析」がスタートラインになります。

次に、志望する業界・企業の研究を経て、自分の能力・特性と企業の方針とのすり合わせを行って、どの強みを企業にアピールするのかを決定します。そして、その強みをよく表す「エピソード」を準備することが、自己PR作成の大きな流れになります。

これらのどれかが欠けていると、よい自己PRにはなりません。 手間暇を惜しむことなく段階を踏んで最後の到達点である「面接で自分の強みを100%知ってもらう自己PRをすること」を目指します。

自己PRの準備の3段階

▶ 第1段階 – 自己分析

自己分析では、**自分自身の強みや弱み、特性・価値観、興味・関心、ビジョンなどを掘り下げ、自分自身の特徴を把握**しましょう。第三者の客観的な意見を知るためにも、自分の過去の経験の振り返りなどから得られる自分像だけでなく、家族や友人・知人にもリサーチして、

自分の長所や特徴を把握していきます。

　さらに、自分はどのような仕事に就きたいのか、どのようなビジョンを持っているのかを掘り下げることで、自分の目標が明確になり、より効果的な自己PRにすることができます。

▶ **第2段階－業界研究・企業研究**

　企業の実情や求める人物像を知らないままアピールしても、方向性が違えば有効な自己PRにはなり得ません。企業がどのような事業を行っていて、どのような人材を求めているのかをより深く知ることが企業研究です。**業界や職種も考慮し、自分の特性と照らし合わせて自己PRを準備することが重要**です。自分の能力・特性・価値観を絞り込み、自分の強みと企業の求める人物像をマッチングさせることで、より強力な自己PRが行えます。

▶ **第3段階－エピソードの用意**

　自己PRでは、自分の能力や特性を具体的なエピソードで伝えることが欠かせません。自分自身の経験を、目的・課題・結果などに分解しながら整理して、自分の強みを表すエピソードを用意します。

［ 自己PR作成の段階 ］

第1段階 **自己分析** （P.26～29）	①自己分析	自分の強み・特性などの把握
	②目的を明確にする	どのような仕事をしたいか、どのような将来のビジョンを持っているか
第2段階 **業界研究・企業研究** （P.30～33）	③業界研究・企業研究	業界の把握、企業の事業の把握、企業が求める人物像の把握
	④マッチング	自分の強みやアピールポイントと企業が求める人物像とのマッチング
第3段階 **エピソードの用意** （P.34～44）	⑤具体的なエピソードの検討	自分の強みや特性を表す経験をまとめる
	⑥自己PRのまとめ	原稿として一度まとめる、ブラッシュアップをはかる

自己分析を自己PRに結びつける
自己分析で自分への理解を深める

自己分析は、自分の特徴を客観的に発見するために行うものであり、自己
PRのための第一歩となります。

- 8つの基本項目をノートに書き出す
- 特性と仕事選び・ビジョンを整理する

過去を振り返り、将来を意思決定する自己分析

　自己分析は、これまでに経験したことや、将来やりたいこと、考え方・
価値観を整理し、能力や特性を客観的に見つけ出す作業です。最終的には、
自己分析を自己PRに落とし込むことが面接対策の重要な過程です。

　自己分析を行う方法として、まずは①自分の長所、②自分の短所、
③達成したこと、④失敗したこと、⑤頑張ったこと、⑥楽しかったこ
と、⑦好きなこと、⑧嫌いなこと（①〜④が能力、⑤〜⑧が特性・価
値観）を基本項目とし、それぞれノートに書き出します。8つの基本
項目に他の項目を加えても構いません。**各項目での答えは、可能な限
り多く書き出します。**自分の主観だけに頼らないためにも、家族や周
囲の人に意見を求めてもよいでしょう（他己分析）。

▶ 自分の能力・価値観を冷静に見つける

　次のステップとして、書き上げた内容にどのような特徴が表れてい
るかを検討します。「長所」が「誰とでもすぐに仲良くなれる」であ
れば「コミュニケーション力が高い」という能力が導き出されますし、「好
きなこと」に「サークル活動で仲間と一緒にいるとき」と書いたのな
らば、「組織で努力するのに喜びを感じる」という価値観が浮かび上がっ
てきます。

　特徴が出揃ったところで、それらを「強み」と「弱み」、「特性・価

値観」として分類します。**同じような内容が複数表れているのであれば、それはあなた自身を特徴づけるものといえます。**

　次の段階では、「自己分析リスト」を活用し（P.29）、最後にチェックした内容を見直します。先に自分で「強み」、「弱み」、「特性・価値観」として整理したものと合わせて検討し、各要素について、**それぞれ自身の傾向を表す3つ程度の言葉として書き出しておきましょう。**

どのような仕事が向いているかを整理

　最終段階として、ここまでで得られた自分の特徴を踏まえて、どのような仕事が向いているか、どのようなビジョンを持っているかを整理し、書き出します。強みとして「社交性が高い」という人物像と、「じっとしているのは得意でない」という弱みが明らかになれば、デスクワークよりも人と対面する仕事、人との接点を大事にする企業や業界で働くのが適していると導くことができます。

　「人と同じものでは満足できない」という特性・価値観が明らかになれば、オリジナリティを社風に掲げる企業で、何かを生み出したいという結論も得られます。このように、**就活における自分の仕事選びの軸を自分の特徴から明らかにしていきます。**

自己分析の流れの具体例

　以下、自己分析の流れを具体例をもとに見ていきます。

▶ **STEP1　8つの基本項目を中心に答えを書き出す**

　書き出した内容については、「なぜ」「どこが」「どのように」など、さらに自分で深掘りして書き留めておくことで理解が深まります。

①自分の長所	任せられた役割を全うする、人に親切、人当たりがいい、物怖じしない、目標に向かって努力できる、何事にも全力で取り組む
②自分の短所	思い込みが激しい、飽きっぽい、せっかち、忘れ物が多い、興味があることに頑固すぎる、あきらめが悪い
③達成したこと	アルバイトで目標の100万円を貯めたこと、アルバイトでリーダーになったこと、アルバイトでクレーマー対応を務めたこと、サークルで高齢者施設のボランティア活動を3年間続けたこと

④失敗したこと	インターンシップで社員の方と接した際にマナーを注意されたこと、サークルでの打ち上げの予約を取り損ねてしまったこと
⑤頑張ったこと	コンビニのアルバイト、大学の講義を1日も休まず出席したこと、サークルで副部長として部長を支えたこと
⑥楽しかったこと	サークルの合宿、コンビニのバイト仲間とのキャンプ旅行、入学式での友人との出会い、友人たちと行った初めての音楽フェス
⑦好きなこと	仲間とのコミュニケーション、キャンプ、料理、音楽、何か新しいことを始めること、人の役に立って喜ばれること
⑧嫌いなこと	じっとしていること、高圧的な態度、人の悪口をいうこと

▶ STEP2 「強み」「弱み」「特性・価値観」を整理する

強み、弱みは「STEP1」の①～④を、特性・価値観は⑤～⑧を客観的に見て、リストとしてあげられるだけ書き出して整理します。

▶ STEP3 自己分析リスト（P.29）で自分の特徴をチェック

自分で客観的に考えるためのツールです。実際にチェックを入れ、自分が当てはまる特徴を客観的な視点で改めて見ることで、自分の傾向を見出します。

▶ STEP4 「強み」「弱み」「特性・価値観」を示す言葉を3つずつまとめる

「STEP2」で書き出したリストと「STEP3」の自己分析リストを突き合わせて、自分の傾向を顕著に表現する言葉を選びます。

強み	①責任感が強い ②目標達成能力が高い ③継続性がある	弱み	①せっかちである ②忘れ物が多い ③こだわりが強すぎ	特性・ 価値観	①人との活動を好む ②組織の調和を重視 ③新しいことに取り組むのが好き

▶ STEP5 どのような仕事をしたいか、どのようなビジョンを持っているか

自分でしたい仕事を整理し、強みや特性・価値観と照らして向いている仕事を検討します。さらに、将来的なビジョンも整理します。

したい仕事	人と接する仕事、新しくチャレンジできる仕事、中長期的な目標で行う仕事
向いている仕事	企画営業、コンサルタント営業、マーケティング関連職種
ビジョン	企業の事業拡大、新規ビジネス参入に寄与できるようなポジションでいたい

［ 自己分析リスト ］

　左右で自分の価値観に近いほうに印をつけていきます。どちらともいえないものは真ん中につけます。自分で傾向を見出すのに活用しましょう。

何か行うときは最悪のことまで想定する。				行動する際は機敏に対応する。
求められる役割は着実に果たす。				自分で創意工夫して行動する。
客観的な視点を持って冷静に取り組む。				主体性を持って関わっていく。
チームのメンバーとしての役割を果たす。				チームリーダー的な存在を好む。
言葉を慎重に選んで伝える。				思ったことを率直に伝える。
失敗したらそれをとことん分析する。				失敗したら切り替えて別の可能性を探る。
自分を抑え、人に合わせる。				自分の意見を主張する。
相手の人柄を見極めて慎重に接する。				誰に対しても公平な態度で接する。
仲間を特別に大切にする。				広く人と関わり合うことに喜びを感じる。
物事を冷静に進める。				物事に情熱を持って取り組む。
組織の意向や方針に沿った行動をとる。				自分の思う方向へ組織を動かしていく。
安全かつ確実に課題を進める。				新しい方法も試しつつ課題を進める。
既存のものを発展させたい。				新しいものを創り出したい。
小さな目標達成を積み重ねるのが得意。				数年後の成長目標に向かって行動する。
行動や実践を通して成長する。				新しい知識や発想と出会って成長する。
細部に気を配る。				大きな視野を持つ。
人との距離感を慎重にはかって接する。				立場や世代の違う人とも積極的に関わる。
状況に応じて柔軟に変更する。				一貫した態度、行動をとる。
全体的にバランスをとる。				1つのことに特化する傾向がある。
シンプルな課題を数多くクリアしていく。				難問やハイレベルな課題に挑む。
人の笑顔や感動に関わるのが好きである。				成績や金銭的価値の結果を出したい。
丁寧できめ細かな性格である。				大胆で思い切った性格である。
知識を身につけ、アイデアを出す。				経験を活かして、行動を変化させていく。
理性的である。				感情豊かである。
リスク回避に努め、確実に成果をあげる。				多少リスクがあっても成果を追求したい。
共同的な人間関係の中で支援し合いたい。				競争的な人間関係の中で切磋琢磨したい。
他人を協力する側に回ることが多い。				人に協力してもらい感謝することが多い。
様々な人の立場に立って物事を考える。				新しい切り口や独自の視点で物事を考える。
時代の変化に左右されない。				世の中の流行に敏感である。

業界・企業研究をマッチングにつなげる

自己PRは業界研究と企業研究がともなってこそ、強い訴求力を持つように
なります。それぞれの意味や方法を整理しておきましょう。

point

- 業界研究では情報を多角的に仕入れていく
- 企業研究で企業と自分とのマッチングをはかる

業界研究で説得力のある自己PRを！

　自己PRをするうえで、自己分析とともに行う必要があるのが業界
研究と企業研究です。どちらから始めてもよいですし、同時でも構い
ませんが、自分がどういった業界のどういう企業で働きたいのか、だ
いたい絞り込んでおくと効率的に進められます。まだ志望する業界が
絞り込めていない段階であれば、**どんな業界があるのか、広く浅く見
渡したうえで志望する業界を決めていってもよいでしょう。**

▶ 業界でどんな人物が求められているかを知る

　業界研究は、文字通り業界に関する情報を集め、その業界の特徴を
理解することです。業界のビジネスモデルや仕事内容について、また
市場や業界内の競合状況を把握し、業界全体としてのトレンドも押さ
えていきます。これらをノートにまとめていきます。

[業界研究で集めたい基本情報]

業界の特徴	業界の動向
代表的企業	業界におけるシェア
代表的な経営者	ビジネスモデル
業界の安定性	業界の成長性
業界の抱えるリスク・課題	

　大事なことは、**業界で求められている人材の特性を知ること**です。例えば、金融業であるならば、数字に対してのシビアさに対応する緻密さ、メーカーであればチームで仕事をする協調性や、新しいものへ関心を示す好奇心などがあげられます。

　業界や企業で求められている強み・特性が就活生に備わっており、業界で実現できることと自分が社会で成し遂げたいことが一致すれば、論理的で説得力のある自己PRを用意できます。

▶ **業界研究のための情報を集める方法**

　業界研究の実際としては、❶業界団体のホームページや就職情報サイト、業界をまとめて整理している書籍、代表的な企業のホームページでアウトラインをつかみ、❷新聞やネット記事などで新しい情報を仕入れていきます。

　さらに、❸監督官庁の最新の白書をチェックすることによって、政府の業界に対する方針等を知ることもできます。**様々なアンテナを張り巡らして、情報を多角的に仕入れていくと、自己PRでより活きてくる研究が行えます。**

企業研究で企業と自分とのマッチングを判断

　就活における企業研究の目的は、自身が応募する企業の事業内容、ビジョンやミッション、企業文化などを深く理解することにあります。この研究を経ることで、**企業の個性と自分とのマッチングを判断し、企業の特徴に合った自己PR・志望動機を用意することができます。**

▶ **企業研究を行う方法**

　企業研究では、❶企業の公式ホームページをまずはチェックします。ホームページには、その企業の事業内容、企業理念、企業の基本情報などが網羅されているため、一通り目を通して企業の全体像を把握します。株主に向けた情報である有価証券報告書等も、直近の企業の成績や動きがわかる資料なので重要情報です。**実際に自分が就職してどう働くかという意識で情報を確認し、ノートにまとめていきます。**

❷新聞や雑誌、『会社四季報』などの企業に関する近年の記事等からも最新情報を入手しておきます。最新情報であれば、ユーザーや現場の社員の声をSNSで知ることもできます。

❸志望する企業と同じ業界に属するライバル企業を比較し、競争状況を把握することも重要です。**他社と比べることで志望企業の特徴や戦略、優位性、弱点を明確にする**ことができます。

企業の実態を知るための最大の情報収集の機会は、❹インターンシップや会社説明会です。社内の雰囲気や仕事に直に触れることができ、自身の仕事観や適性との関連性を考えることもできます。OB・OG訪問も同様に企業の内部を知る絶好の機会です。

企業研究をさらに深化させる

企業研究で得た情報を、より深く活用する方法が、経営戦略等で用いられる「SWOT（スウォット）分析」、Strength、Weakness、Opportunity、Threatの4つの項目での分析です。企業研究の応用編ともいえ、**企業の強み・弱みである「内部環境」と、機会と脅威である「外部環境」とをかけ合わせ、企業をより正しく把握します。**

具体的には、次ページのような表に企業研究でわかったことを書き出し、それぞれの要素をかけ合わせて（クロスSWOT分析）、企業の実情をつかみます。その分析を自分の強み・特性とかけ合わせることで企業選びの根拠にすることもできます（次ページの「自己PRでのアピール例」等）。

[企業研究で集めたい基本情報]

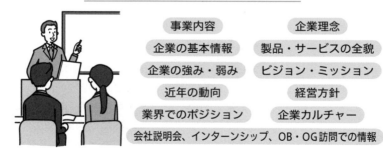

事業内容　　　　　企業理念
企業の基本情報　　製品・サービスの全貌
企業の強み・弱み　ビジョン・ミッション
近年の動向　　　　経営方針
業界でのポジション　企業カルチャー
会社説明会、インターンシップ、OB・OG訪問での情報

［ 志望企業のSWOT分析の例 ］

	内部環境	外部環境
プラス要因	**Strength** **強み** 開発力の高さ 知的財産を豊富に所有 若者へのブランド認知度 製品・サービスの品質	**Opportunity** **機会** 健康ブーム 韓国カルチャーの定着 10～20代の本物志向のトレンド 日韓関係悪化の雪解け
マイナス要因	**Weakness** **弱み** 顧客開拓・販促が弱い 設備面での不備や弱み 独自性でライバル社に劣る	**Threat** **脅威** 円安による資源高騰 物価高による購買意欲の低下 主力商品の国内市場環境悪化

〈クロスSWOT分析〉

①強み×機会＝利益最大化戦略（例：既存の権利を活用した韓国系の健康食品販売）

②強み×脅威＝脅威を切り抜ける戦略（例：海外市場への低価格商品開発と進出促進）

③弱み×機会＝弱みを補強する戦略（例：高品質をウリに若年層への販促強化）

④弱み×脅威＝マイナス影響を減らす戦略（例：主力製品の減産と他市場への参入）

〈自分の強み〉

● TOEIC®L&Rテストのスコア850点の語学力　●何事にもひるまないチャレンジ精神

〈自己PRでのアピール例（クロスSWOT分析②への対応）〉

> 私は語学力に自信があります。日本の工業製品の魅力を世界に伝える仕事に関心があり、大学入学より毎日1時間のTOEIC®L&Rテストの学習時間を自分に課し、スコアを850点にまで伸ばしました。御社は現在、海外進出も視野に入れておられると思いますが、私が入社したら語学力と持ち前のチャレンジ精神を活かし、海外展開で貢献したいと考えております。

エピソードの探し方

エピソードで評価が変わる!

自己PRで大きなカギとなるのがエピソードです。面接官は就活生の過去の経験から、未来の就活生の姿をイメージします。

point

- 企業の理念に合ったエピソードを選択する
- エピソードは3段階でまとめる

自分の強みを伝えるエピソードを!

　エピソードで企業が知りたいのは、**就活生がどのような経験をしたのかではなく、どのような状況にあったら、どういった行動をとる人物か、どのような学びをする人物かということです。**面接官がそれらを通してビジネスの場での姿をイメージできるよう、できるだけ具体的に伝えることが基本です。

　自己分析で自分の強みや価値観の洗い出しがすでにできていれば、それを証明するようなエピソードを選んで肉付けしていくだけです。エピソードは、学生時代に打ち込んだことや、経験から成長した出来事など、自分の強みや特性が明確に伝わるものであることが前提です。

▶ シーンを映像的に伝える

　エピソードの基本的なフォーマットとして、次の3段階でまとめていきます。まずは❶エピソードの背景や状況、ストーリーの説明です。どのような状況でどのような問題や課題があったかを盛り込みましょう。

　次に、❷その状況に置かれて自分がどのような行動をとったのか、具体的な行動や取り組みを説明します。必ず、そこには**自分がどのような役割を果たし、スキルや能力を発揮したのかというアピール**がなければなりません。エピソードの行動に就活生の主体的な意図が感じられ、自分の特性である強みが見えてくる内容であるべきです。面接

官に強く印象づける手法としては、映像が頭に浮かんでくるよう、出来事の特定のシーンを切り取って表現する方法も有効です。

▶ **入社後の仕事ぶりを想像させるエピソード**

エピソードの最後は、❸行動の結果や、自身の反省や学びで締めます。具体的な成果や達成した目標、自身の成長や改善点などを具体的に示して、**一緒に仕事をしたらどんな仕事をしてくれるのか、どのように成長するのかを面接官にイメージさせます**。

企業にふさわしい人物であることをアピール

エピソード選びで大事なのは、自分が企業にふさわしい人物であるかどうかという観点を常に持っておくことです。いくら優秀な人物でも、企業の理念・社風に合わない特性をエピソードで示している人では、長く一緒に働けないと判断されてしまいます。

したがって、**自分の強みがしっかり表れたうえに、企業研究から得られた企業理念と一致している点を意識しながらエピソードを選ぶ**ことも、高評価が得られる自己PRのためのカギとなります。

［ エピソードの様々な種類 ］

☑ 個人の実績・成果	過去の実績・成果や成功体験を示すエピソード。個人としての受賞歴、目標達成など。
☑ 困難の克服	逆境や困難に直面した経験や、そのときの自分の行動や課題解決能力を示すエピソード。
☑ リーダーシップや協働性	リーダーシップや協働性を発揮した経験、チームプレイでのエピソード。組織での役割分担、共同作業による成果など。
☑ 失敗からの学び	失敗やミスから得た学びや成長を示すエピソード。改善や自己成長など。
☑ パーソナリティ	ボランティア活動やアルバイト、趣味、留学体験など。自分の興味や価値観、能力を示すもの。

特性とエピソードの関係

　自己PRにおける代表的な特性と、その特性に関連するエピソードを以下にまとめましたので、参考にしてください。

特性	エピソード例
リーダーシップ	サークル活動の幹部としてメンバーをまとめた。 アルバイトのバイトリーダーとしてサービスを提案した。 高校の生徒会長で、新しいルールを作った。
協調性	まとまらない部活動で調和を重視した行動をとった。 ゼミのグループでの議論でまとめ役を担った。 友人との旅行のプラン作成で調和を大事にした。
社交性	大学に入学してから友人が10倍になった。 ボランティア活動で外国人留学生と交流した。 居酒屋で中年男性グループと仲良くなった。
コミュニケーション力	受付のアルバイトで高齢者の対応をした。 友人間で人と人をつなぐ役割を果たしている。 部活動で後輩部員の悩み相談に乗ってあげた。
計画力	資格取得で、スケジュールをしっかり立てて学習した。 学園祭の実行委員としてイベントを成功させた。 社会人への準備を、大学1年生のときからしてきた。
論理的	ゼミでの発表で論理的な説明ができて教授の評価を得た。 日々の生活では論理的な思考を常に意識している。 ディベートの大会に出場し、上位入賞を果たした。
交渉力	アルバイトで店長に労働環境の向上を提言した。 新しいサークルを立ち上げるため、大学側と話し合った。 部活動で練習のやり方について顧問と意見を交わした。
独自性	学園祭のサークルの出し物に独自のアイデアを反映させた。 学習の仕方について、自分なりの方法を用いている。 趣味で、新しい料理のレシピ開発に取り組んでいる。
行動力・実行力	自然災害の被災地のボランティアスタッフになった。 10社のインターンシップに参加して経験を積んだ。 夏休みに1人で東日本一周に挑んだ。

特性	エピソード例
決断力	台風で学生イベントを中止するか決断をした。 アルバイト先で、店長がいないときに責任を持って判断した。 大学の進路を決める際に、優先順位を考えて決断した。
創造性・想像力	ゼミでの研究で前例にない調査法を考案した。 SNSで独自のスタンスのお店紹介をして拡散した。 趣味の小説執筆で、短編小説を20作品書いた。
積極性	人が嫌がるような仕事を、自ら手をあげて行った。 OB・OG訪問で10の質問をして社員に名前を覚えられた。 街中で困っている人がいると、見過ごすことができない。
忍耐力・精神力	アルバイト先でどんなに失敗してもへこたれず辞めなかった。 部活動の厳しい練習に耐えた。 片道3時間の通学を3年間続けている。
競争力	学内成績で1位にどうしてもなりたくて努力した。 アルバイトで、販売数で店舗ナンバー1になった。 ゼミで友人と競い合って学び、お互いが向上した。
緻密さ	日頃から細部にこだわることを大事にしている。 IT系国家資格の基本情報技術者試験に合格した。 趣味で日本を代表する戦艦・空母のプラモデルをすべて製作した。
気遣い	接客のアルバイトで客から感謝された。 電車内で困っている高齢者の手助けをした。 精神的に落ち込んでいる知人のフォローをした。
自主性	陸上部で、自ら申し出て道具の掃除を担当している。 サークルで、誰に頼まれたわけでもなく連絡係をしている。 インターンシップで自ら企画したアイデアを披露した。
柔軟性	サークルで予算が削られたとき、その中でやりくりした。 部活動で結果の出ないときに考え方を180度変えた。 授業で成果を発表した際、指摘を受けて考え方を改めた。
目標達成力	資格試験の対策で、集中的に学習して2か月で合格した。 友人にイベントで着る衣装の制作を頼まれ一晩で完成させた。 初心者として入部した吹奏楽部で、半年間の1日3時間の猛練習でみんなに実力的に追いついた。

エピソードでは特別な経験は不要

エピソードは他の人よりも優れているものをあげなければいけないと考えがちですが、自分が自信を持てる点をアピールすればよいのです。

- ● 特別なことでなくても自分を示すエピソードならOK
- ● アピールポイントと企業の理念とを合致させる

等身大に近いあなた自身を伝える

　自己PRで用いる特別なエピソードがないと考える就活生は少なくありません。しかし、誰もが驚くような成功体験をしている就活生は、ほんの一握りです。エピソードで大事なのは、就活生がどういった行動をとる人物で、そこからどんな気づきを得て成長したかということであり、**特別な経験や成果にとらわれる必要はありません。**

　就活生は20年以上生きているわけで、視点を少し変えればアピールできることはいくらでもあるはずです。そのアピールできる内容に、自身の強みや特性がよく表れており、成長性を感じさせ、強みや特性が将来的に企業に貢献することをイメージさせられればよいのです。

▶ 企業とのマッチングが重要

　まったく嘘の経験をエピソードにするのはNGです。面接官は多くの学生の面接をしています。仮に嘘をついたところで、どこかでほころびが出ますし、そもそも意味がありません。**あなたと企業が本当の意味でマッチングするために、等身大に近いあなた自身を伝えることが重要**であることは肝に銘じておきましょう。

　ただし、エピソードを作り込む際、説得力を持たせるために、どのような要素を入れ込むか、どのような構成・表現にするのかを検討することは重要です。これらの観点から作られたエピソードを見ていきます。

大学での学業についてのアプローチと実例

　優れたエピソードがなくても、面接官にアピールできるアプローチがあります。その中の一つに、**大学生ならば誰もが行う大学での学習**があげられます。大学での学習をエピソードとして、自身の強みや興味、成長を伝え、新しいスキルや知識を習得する意欲や積極的な姿勢をアピールします。

> **NG例**　法学部で法律を学んできました。特に力を入れたのは憲法と刑法で、難解な法律用語に苦労しましたが、次の日の講義の予習に力を入れることによって、3年生で卒業に必要な単位をすべて取得することができそうです。最近は法律という学問が好きになってきており、卒業後も学習を続けたいと考えています。

> **正解例**　法学部で法律全般を学び、ゼミでは会社法の諸問題を研究しており、日々のレポートも多く、帰宅してからも机に向かう毎日です。深夜までレポートを作成する日もありますが、学ぶほどに法律の社会での重要性を感じ、学習意欲が高まります。また、論理的思考力を身につけるため、因果関係を意識して学ぶようになりました。今は卒業までに行政書士の資格を取得するための準備をしています。

　NG例、正解例ともに大学での学部の学習に関しての内容です。NG例は大学で真面目に学習に取り組んでいることはわかるのですが、どのような成長を遂げたのかが伝わってきません。
　その点、正解例は**法学部の学習の中から「論理的思考力」という能力を高めたことが伝わり、資格試験の受験という大学での学習を活かす積極的な姿勢も見えます。**

部活動で特に結果を残せなかった際のアプローチと実例

　チームや集団の中で、自分自身が目立った成果や結果を残していなくても、**チームプレイに徹したことや、縁の下の力持ち的存在であったことをアピール**する方法もあります。

NG例　大学では中学生の頃から続けてきたバスケットボール部に所属しており、平日は毎日３時間練習し、週末は試合という日々を過ごしています。ポジションはシューティングガードで、強豪校で選手層が厚いこともあり、まだレギュラーにはなれていません。今度の大会には、途中出場でも試合に出られるよう、シュート力に磨きをかけたいと考えています。

正解例　所属しているバスケットボール部では、選手層が厚いこともあり、レギュラーではありません。しかし、できるだけチームの役に立ちたいという思いで、練習環境の不整備を解決するため、入学時から誰よりも早く体育館に入り、床のモップがけを始め快適に練習できる環境作りに尽力しました。ある日、いつも通り床のモップがけをしていると監督が突然目の前に現れ、「君の陰からのサポートには感謝してるよ。ありがとう」といわれました。このことがあってから、さらにチームの役に立ちたいという気持ちを強めました。

　NG例では、面接官に何をアピールしたいのかよくわかりません。その点、正解例はチームのために献身する姿勢が感じられ、面接官に同じ組織で働きたいと思わせる内容になっています。

失敗をエピソードとするアプローチと実例

　特別な成果や成功体験が見つからなくても、失敗から何かを学んだというエピソードでも十分アピールできます。仕事では失敗はつきも

のであり、それをどう改善し、克服したかを企業は重視します。

NG例　アルバイト先のレストランで、中年女性とその母親と思われる高齢女性のお客様の接客をしているとき、高齢女性のオーダーが聞き取れずに何度も聞き直してしまい、最後には怒られてしまったことがあります。気配りには自信があったのですが聞き方にも問題があったのだと思い、以降徹底して応対に注意をはらうようにしています。

正解例　アルバイト先のレストランで、お客様に「皿の置き方が悪い」としかられたことがあります。以来、先輩にアドバイスを求め、接客について本や動画を用いて学び直し、言葉遣い、振る舞い、表情についての20項目10段階のチェックシートを作成して、徹底的に改善に取り組みました。店長にもそのチェックシートを渡し、自分のそれぞれの項目での到達点を確認してもらい、接客技術を向上させることができました。

　正解例では、**失敗から問題解決のための方法を考え、実践することのできる人物だということがわかります。**自分なりにチェックシートを作成するなど、研究熱心であることをうかがわせます。

[その他の「特別」ではないエピソードの内容例]

①友人との日々の交流
②学業の学習での自分なりの工夫
③会社説明会での出来事
④アルバイトで自信のあること
⑤アルバイトなどでの社会人とのふれあい
⑥サークルでの役割
⑦友人との旅行での出来事
⑧インターンシップでの出来事
⑨就活で苦労したこと
⑩アルバイトの仕事から学んだこと
⑪資格を取得したときの学習内容
⑫サークルの合宿での出来事

自己PRをまとめる

自己PRには基本パターンがある！

整理した自分の強み・特性、したい仕事、業界研究・企業研究から得られた結果、エピソードを、自己PRの原稿としてまとめましょう。

Point

● 企業が望むような自分の強みをアピールする
● 基本パターンをベースに自己PRをまとめる

自己PRではエピソードからの成長や学びを伝える

　自己PRをまとめる際には、**企業研究から得られた企業が求める人物像やしたい仕事に合った強み・特性を選び、簡潔に提示するのが鉄則**です。強み・特性を表すエピソードを示し、経験から得た成長や学びなどで、自分が入社したときの姿を面接官にイメージさせます。入社意欲を強調するため、自分が入社したらどんな働きができる、どんな働きがしたいということに触れてもよいでしょう。これらを原稿にまとめます。

高評価例

❶私は長期間にわたって物事を続けることが得意です。❷17年間、趣味のバイオリンを続けてきました。バイオリンは毎日弾かないとすぐに思う通りの音が出なくなってしまいます。ときには忙しさのあまりバイオリンに触りたくない日もありますが、定期的にレベルの高い目標曲を設定することで毎日練習することを習慣としています。イベントなどがあると参加して演奏し、定期演奏会などにも出演しております。❸バイオリンを通じて継続することの大切さを学び、そのおかげで勉強など他のことでもコツコツと継続できるようになり、今の自分の強みとなっています。❹御社へ入社した際には、根気よく継続的に努力をして、長期間にわたって会社の発展に貢献したいです。

　高評価例の❶のように、自己PRでは冒頭から結論である強み・特性を伝えることが大事です。❷では、❶で伝えた「物事を続けること＝継続力」について、その裏付けとなるエピソードを具体的に示しています。そして❸では、エピソードの「バイオリン練習」から「継続力」が得られたことをアピールしており、最後の❹で「継続力」を企業で活用したい願望が訴えられています。

　このように、**下記「自己PRのための基本パターン」のような構成を意識してまとめることが、わかりやすい自己PRにする基本**です。

【 低 評 価 例 】

私の強みは継続力です。❶趣味のバイオリンは子供の頃から続けてきました。❷すぐに上達し、バイオリン教室では常に上位のレベルをキープし続けています。毎年発表会にも参加しており、昨年は先生からも本番で緊張せずに演奏していることを褒められました。バイオリンを弾いていると嫌なことも忘れられ、没頭できます。今後、社会人になって忙しくなったとしても、バイオリンだけは続けて一生涯の趣味にしたいと考えております。

　低評価例では、❶でバイオリンを続けていることは伝えていますが、具体的に何年間と伝えるほうが、面接官の頭に残りやすいでしょう。また❷のエピソードからも、努力や成長、学びが感じられず、全体的に伝わってくるものがあまりない自己PRになってしまっています。

[自 己 P R の た め の 基 本 パ タ ー ン]

強み・特性	エピソード	成長・学び	入社意欲
企業研究から得られた、企業が求める人物像に合った内容。	強みや特性が表れている具体的な内容。	エピソードの経験から、どう成長したか、何を学んだか。	企業で自分の強み・特性を活用できること、マッチングのアピール。

原稿作成時は1分パターン（300〜400字）を基本とする。これをベースに3分（900〜1000字）パターンも想定しておく。

強み・特性を、より印象づけるための表現法として、エピソードを「切り取ったシーンで表現」する方法もあります。

高評価例

　私はアイデアマンであることを信条としています。御社のインターンシップで、事業立ち上げプロジェクトに参加する経験をさせていただきました。❶新規事業の会議で、私が最初に手をあげ、介護人材不足という社会課題に対し、「AIスピーカーを用いた高齢者の見守りサービス」を発表したところ、会議に参加した方々から賞賛の声と拍手をいただくことができました。このアイデアはのちに新規事業として立ち上がったと聞いています。❷私は入社後もアイデアに磨きをかけて、5年以内に御社の新分野の開拓を担えるようになりたいと考えています。

　❶のエピソードは会議のシーンが切り取られていて、視覚的なイメージが浮かんでくるとともに、就活生の積極性やアイデアに対するこだわり、自信が感じられます。❷は、具体的に入社後の目標が語られており、就活生の志望度の高さを感じさせる内容になっています。

職種に応じた自己PRでの強み・特性

以下、主な職種に応じた自己PRでの強み・特性をまとめておきます。

[職種に合った強み・特性の例]

職種	強み・特性
営業職	コミュニケーション力、課題発見力、交渉力、競争力
販売・サービス職	コミュニケーション力、提案力、対応力、社交性
事務職	正確性、責任感、継続力、処理能力、管理能力、協調性
企画・開発職	発想力、柔軟性、情報収集力、分析力、行動力
エンジニア職	技術力、協調力、忍耐力、好奇心、探究心、緻密さ
クリエイティブ職	創造力、表現力、チャレンジ精神、計画性、集中力
専門職	専門知識、資格、責任感、指導力、忍耐力

第**3**章

面接の
種類と対策

面接には、近年拡大している Web 面接や一次面接で行われることの多い集団面接、個別面接である二次面接、最終面接など、様々な形式があります。これらの特徴について見ていきましょう。

様々な形式がある面接

面接には様々な形式があり、どの形式をどの段階で採用するかは企業の判断ですが、ここで取り上げる基本的な形式は知っておきましょう。

複数の面接を行ってミスマッチを防ぐ

　新卒の採用面接では、複数回の面接が一般的です。特に応募者の多い人気企業であればあるほど、何回にもわたって面接を繰り返し、有望な人物を絞り込むのが一般的です。

　業界によってこの回数は異なり、人気のマスコミや金融業界などでは、4回以上行うような企業もあります。他の業界でも、少なくとも1回の面接で決まることはないと考えておくべきでしょう。**複数回の面接が行われるのは、企業としても就活生の適性をじっくりと見極め、ミスマッチを防ぎたいという考えがある**からです。

　一般的な面接の流れは、一次面接、二次面接と進み、最終面接で内定が出される、といったものです。面接の段階を経るたびに就活生は絞り込まれていくことになり、面接の段階によって企業が就活生を見る視点も違ってくることを理解しておきましょう。

[面接の流れの例]

リクルーター面談　▶　自己PR動画　▶　一次面接（集団面接・Web面接・グループディスカッション）　▶　二次面接　▶　最終面接　▶　内定

一次面接の形式は様々

一次面接では、集団面接が行われることが多く、集団という名前のごとく就活生を複数人まとめて面接するスタイルです。**選考の初期段階であり、次のステップに進めるべきかどうかの判断が行われ、質問に対してしっかり受け答えができるか、身だしなみや所作について社会人としてふさわしいかなど基本的な部分が主に見られます。**

一次面接で、グループディスカッション（集団討論）が採用されることもあります。また、内容的に対面式と基本的な部分では大きくは変わりませんが、通信回線を介したWeb面接で行う企業もあります。

他には一次面接の前に、優秀な就活生を囲い込むためリクルーター面談を行う企業があったり、厳密には面接という形式ではありませんが、エントリー後に自己PR動画を提出させたりする企業もあります。

より深く人物を知るための質問がされる二次面接

二次面接以降は、個人面接の形式で行われるのが一般的です。**企業側としてはじっくりと就活生の人物を知ることが目的なので、就活生はよりしっかりとした回答が求められるステージ**といえるでしょう。なお、同じ個人面接であっても、二次面接では就活生の行動特性が主に判断され、最終面接は主に入社意志の強さが見極められるなど、面接の段階で判断する視点が違ってくることも理解しておきましょう。

[面接の形式による特徴]

形式	特徴
リクルーター面談	若手社員などが面接前に行うカジュアルな面談。
自己PR動画	自分で動画を撮影して企業に送付。
一次面接	集団面接やグループディスカッションの形式で行われることが多い。
二次面接	学生時代に力を入れたことなどが聞かれる個人面接。
最終面接	就活生と企業の価値観のすり合わせが行われる個人面接。

リクルーター面談

対面の面接による選考の前に、リクルーター面談を行う企業もありますので、基本的な事項について知っておきましょう。

リクルーター面談の基本的な特徴

　正式な面接の前に、人事部から要請された企業の社員であるリクルーターが、カフェやオフィスなどに懇親会のような名目で就活生を呼び出して行う面談を、リクルーター面談といいます。リクルーター面接とも呼ばれており、比較的就活生に年齢が近い若い社員が担当することが多く、**企業にとっては優秀な人材を早めに囲い込むのがねらい**です。いわゆる青田買い的な意味合いもある面談といえるでしょう。

[リクルーター面談の特徴]

面接官の人数	1〜2人
就活生の人数	1人
時間	60分程度

▶ **カジュアルな雰囲気で行われるのが特徴**

　リクルーター面談は、大学3年生の早期の段階に実施される面談であり、面接前に企業側からアプローチする形で行われます。主に、金融やインフラ企業、メーカー等の大手人気企業が行うことが多く、リクルーターの出身校の後輩などに対してアプローチがはかられたり、会社説明会で目立った優秀な就活生に対して行われたりすることもあります。

　通常の面接に比べて、カジュアルな雰囲気で行われるのが特徴で、社員に就活に関して親身に相談に乗ってもらうことのできる場となります。同時に、就活生の人柄や自社への志望度、どんな企業を受けているかなどを引き出すのも企業側の目的であり、**カジュアルな雰囲気であっても、態度がくだけすぎないよう注意しなくてはなりません。**

逆質問では入社意欲を見せる

　面談には決まりはなく、雑談形式や説明会的な形式、面接に類似した形式などがありますが、「自社のことで知りたいことは？」などと逆質問されるケースも多くなります。このような逆質問には、「○○部の雰囲気はどんな感じでしょうか？」「1日のスケジュールはどのようなものになりますか？」など、**企業研究からはわからないような質問を用意しておき、入社に積極的な態度を示すことが重要です。**

　なお、リクルーター面談でリクルーターから聞いた内容については、面接時の受け答えでも使えますし、入社意欲をアピールするのに有効です。

［ リクルーター面談の評価ポイント ］

☑ 社会人としてふさわしい態度	リクルートスーツを着用し、目上の人に失礼のないような態度をとっている。
☑ 十分な業界研究・企業研究	より深い会話ができるよう、業界研究・企業研究は十分に行って面談に臨んでいる。
☑ お礼のメール	リクルーターに対して、お礼のメールを面接の日のうちに送っている。

自己PR動画

自己PR動画では面接する就活生を絞り込むのが目的です。自己PR動画をクリアしなければ、その後の選考に進めないため、準備は必須です。

自己PR動画の基本的な特徴

　就活生が「自己PR」を自撮りし、その動画で選考が行われるのが自己PR動画です。一次面接の前に行われるのが一般的であり、その後の面接に進めるかどうかを判断するための材料になります。企業側にとっては、**エントリーシートなどの書類選考同様、選考する就活生の絞り込みを目的としています。**したがって、あらかじめ対策をしておかないと、面接に進めないということになりかねません。

[自己PR動画の特徴]

面接官の人数	―
就活生の人数	1人
時間	1分程度

▲動画ではフリップを用いるのも効果的。

▲落ち着いて撮影できる屋内であれば、自然光、明るい照明、白い壁の背景が基本。

動画で話す内容については、事前に企業からテーマの指示があります。主に「自己PR」を求められることが多いですが、「志望動機」や「ガクチカ」（学生時代に力を入れたこと）が問われることもあります。

録画時間は、30秒や60秒が一般的であり、きっちり制限時間内におさめることも重要な要素です。

▶ 自己PR動画の流れの実際

企業から録画するサイトのアドレスなどを記したメールが届いたら、制限時間に合った原稿を作成します。指定時間が60秒であれば文字数300〜400字程度の原稿を作成します。**それを暗記し、話している様子をスマートフォンなどで繰り返し録画して、客観的に改善していきます。**動画撮影ができる段階になったら、指定のサイトにアクセスするなどして録画、送信を行います。録画・再生が何度でも繰り返せるのであれば、自分が納得のいく動画ができた段階で送信します。

表現の自由度が高い自己PR動画

自己PR動画は、表現の自由度が高いことも特徴です。通常の面接は面接官との受け答えでほぼ終始しますが、自己PR動画では表現方法に決まりはありません。**よいアピールをするために、小道具を用いたり、動作を加えたり、話す内容に合った衣装などを用いることも可能**です。具体的には、テレビ番組で用いられるようなキーワードなどを記した「フリップ」や、過去の実績を表す表彰状やトロフィーなどを用意したりするのも説得力を高めるのに有効です。

[自己PR動画の評価ポイント]

☑表現力	話す内容とともに表情や発声、言葉の伝え方など、第一印象を高めるための表現力を意識している。笑顔を多く見せる、テンションを上げるといったことを意識的に行っている。
☑小道具や動作	アピールしたい内容やキーワードなどを記したフリップを用意したり、例えば空手の演武など、自らの特技を表す動作（衣装）を動画に取り入れたりして、視覚的にアピールしている。

一次面接（集団面接）

集団面接は、他の就活生との直接的な競争が繰り広げられるステージといえ、評価されるポイントを押さえて望むことが肝心です。

一次面接の基本的な特徴

　実質的に初めての面接となる「一次面接」では、**面接官数人に対して、3〜5人程度など複数人の就活生で行われる「集団面接」の形式が用いられることが多いです。**

　コロナ禍以降の就活では、一次面接にオンラインで行う「Web面接」（P.54）を採用する企業も増えてきましたが、ここでは集団面接について触れます。

[集団面接の特徴]

面接官の人数	2〜3人
就活生の人数	3〜5人
時間	30〜60分

▶ より優れている人を評価する「相対評価」

　集団面接は、全員の就活生に対して同様の質問が投げかけられるため、面接官としては就活生の回答の良し悪しを比較しやすくなります。就活生同士を比べる**「相対評価」により、次の面接に進む人を決めるのが集団面接の大きな特徴**といえます。選考を突破するには、他の就活生よりもよい回答・対応を行えるかどうかが、一つの目安になります。また、複数人の面接ということで、他の人が話しているとき、しっかり聞いていることも評価の一つになるので注意しましょう。

簡潔かつ効果的な回答を意識

　集団面接では、全体の面接時間が長く設定されていたとしても、1人当たりの持ち時間としては個人面接と比較して短くなります。全体の面接時間が30分と設定されていれば、面接での人数が5人なら単純に1人当たり6分程度の持ち時間ということになります。したがって、**1人の就活生のみが発言を続けすぎれば、他の就活生の時間を奪ってしまうことになり、「自己中心的」という評価をされてしまいます。**

　したがって、一つの質問に対しては、長くても1分程度、質問によっては20〜30秒以内におさめることを目安と考えて、簡潔かつ効果的な回答を意識するようにします。

▶ 回答の原稿を作成し、練習しておく

　集団面接の質問自体は、自己PRや志望動機、学生時代のことなど、一般的な質問がされるケースが多いです。短い時間の中でもしっかりアピールできるよう、回答の原稿をあらかじめ作成し、回答の練習をしておくとよいでしょう。

[集団面接の評価ポイント]

☑ 聞く姿勢	他の就活生が話している間、しっかりと聞く態度を示している。
☑ 基本的要素	「挨拶」「身だしなみ」「簡潔な発言」「志望度」など、基本的な要素を押さえている。

Web面接

Web面接であっても、基本的な受け答えは対面式と同じですが、Web面接ならではの注意したい点がいくつかあります。

Web面接の基本的な特徴

　「Web面接」は、主に一次面接で用いられる面接形式です。地方の学生であっても都市部の企業に応募しやすいなどメリットは多く、近年急速に拡大しています。一次面接であれば、まずは**面接での基本的な要素をしっかり押さえて臨み、次は実際に会ってみたいと思わせるような回答を意識**します。

[Web面接の特徴]

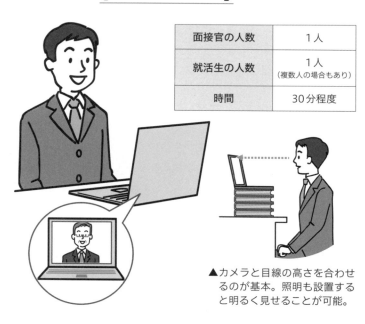

面接官の人数	1人
就活生の人数	1人 （複数人の場合もあり）
時間	30分程度

▲カメラと目線の高さを合わせるのが基本。照明も設置すると明るく見せることが可能。

▶ **Web面接特有の問題に注意**

　Web面接は、細かなニュアンスや雰囲気が伝わりづらいという特徴があります。そのため、言葉のやりとりの内容はもちろんですが、笑顔を絶やさなかったり、スピーカーを通してでも言葉がハキハキと聞こえるように話したり、面接官の話に対して目に見える形で少しオーバーにうなずくなど、**わかりやすいコミュニケーションも重要になってきます**。また、画面に映った相手の顔だけを見ていると、面接官から見ると就活生の視線がズレてしまうため、基本的にはカメラを見ることを意識するようにします。

　Web面接特有の問題としてタイムラグがあげられます。時間のズレが原因で面接官と就活生の話が重複してしまいがちなので、相手の話が終わったと思ったら少し間を置いてから話し出したり、自分の話が終わったら「以上です」と話が終わったことを伝えてもよいでしょう。そしてWeb面接では**コンパクトな回答で、言葉のキャッチボールをたくさん行うことをイメージするようにします**。

画面に映る自分の目線の高さを意識する

　Web面接ならではの注意点として、カメラの問題もあります。特にノートパソコンやスマートフォンを使ってWeb面接を受ける場合、椅子に座った状態の自分の目がカメラよりも上になり、**画面を見ている面接官は上から見下ろされているような印象になります**。この状態を解消するには、ノートパソコンやスマートフォンの下に本などを置き、カメラと自分の目を同じ高さにしてあげるとよいでしょう。また背景は白壁など、できるだけシンプルな場所を選びます。

[Web面接の評価ポイント]

☑言葉の 　やりとり	質問に対してポイントを押さえ、長くなりすぎないようコンパクトに回答し、言葉のキャッチボールを意識している。
☑印象・画面	明るい表情で笑顔を出すことができ、声の大きさも適切である。背景や照明の設置などで、明るい画面作りへの配慮もしている。

グループディスカッション

グループディスカッションは、グループ単位での議論を発表するものです。
自分の役割をこなすことに重点を置いて対応する必要があります。

グループディスカッションの基本的な特徴

　　グループディスカッション（略称：グルディス）は、就活生が複数のグループを組み、面接官から与えられたテーマで議論を行い、結論や提案をまとめるという形式です。面接官は、結論や提案そのものではなく、**就活生がグループの中でどのような働きができるのか、潤滑なコミュニケーションがはかれているかに注目**しています。

[グループディスカッションの特徴]

面接官の人数	2〜5人
就活生の人数	4〜8人
時間	60分程度

▶ **主な役割は、司会・進行役、書記、タイムキーパーの３つ**

　グループディスカッションでは、最初にグループで役割を決める必要があります。**そこから、それぞれの役割を果たしながら全員で議論を行い、グループとしての結論を導き出していきます。**

　主な役割には次のものがあります。「司会・進行役」は議論を円滑に進め、最後の結論を導く役です。リーダーシップが問われる役割で、ファシリテーター（進行すること。略して「ファシる」）とも呼ばれます。「書記」は議論の内容をまとめ、書き留めたものをメンバーに見せることで議論の進捗や方向性を可視化し、議論をサポートする役割です。「タイムキーパー」は、議論の経過時間をメンバーに告げ、進行時間のコントロールを行う役割です。議論の結果を発表する場合は発表する役割もあり、役割を持たない人は発言や提案を活発に行うことで自身をアピールしていきます。

グループディスカッションでの評価

　グループディスカッションでは、自分の役割を正しく認識し、その役割を果たしつつ、グループに貢献する行動をどのようにとったかが個人としての評価になります。１人で決めたり、グループの仲間の意見を否定したりするような協調性のない行為は低評価につながります。グループ全員が合格、不合格になりやすいということもこの形式の特徴の一つです。**グループで高評価を得るためには、時間内に結論を論理的に導き出し、その結論に至るまでには活発に意見が交わされ、それらがスムーズであること**が求められます。

　なお、似た形式として、与えられたテーマに沿って共同作業を行い、成果を発表するグループワークという形式もあります。

［ グループディスカッションの評価ポイント ］

☑ **協調性**	協調性を乱さずに、グループ内での自分の役割を理解し、責任を果たしている。
☑ **チーム力**	グループのメンバー全員が協力して、活発な意見を出し合ったうえで結論を出すことができている。

二次面接

個人面接は、自分のアピールを十分な時間をかけて行えるステージになります。
面接官との言葉のキャッチボールを意識することが大事です。

二次面接の基本的な特徴

　二次面接以降で採用されることの多い形式である個人面接では、就活生が1人だけなので、企業側にとっては就活生の人柄や資質を知るための絶好の場となります。就活生は**面接官1〜2人と対することになり、学生時代のことや志望動機など**、一つの内容やエピソードに関して深く掘り下げてくる質問がされます。

[二次面接の特徴]

面接官の人数	1〜2人
就活生の人数	1人
時間	30分程度

▶ **自分の意図が感じられる事柄を伝える**

　面接官が二次面接で注目しているのは、**就活生が会社に入社した場合にどのような働きをする人物なのか、将来的にどのような人材になり得るのか**であり、その点について学生時代の行動をもって見極めようとしています。

　したがって、自分の特性を表す過去のエピソードを話し、その経験を通じてどのような成果を得て、成長できたのかについて伝える必要があります。

　評価されるエピソードは、就活生自身の意図が感じられる経験です。**自らが行った主体的な行動であり、その行動から成長していく過程が面接官に伝われば評価は高くなります。**「マニュアル通りに行った……」などのように、何ら就活生の考えが見えない受け身の行動では、面接官の心には一切響きません。

企業とのマッチングも判断基準の一つ

　二次面接では、就活生が本当にその企業を志望しているのかも大事な点です。したがって、企業を志望する理由とともに、入社への熱意をしっかりとアピールしなければなりません。

　そして、就活生が入社したら企業に順応できるか、すなわち企業の理念や社風とのマッチングについても面接官はチェックしています。自社と考え方が大きく異なるのであれば、入社してもその後、継続して働き続けることは難しいと判断されるからです。そのような判断をされないためにも、**就活生は企業の理念・社風と自身の考えが一致していることをアピール**する必要があります。

［ 二次面接の評価ポイント ］

☑ **行動特性**	主体的な行動ができ、行動を改善し、成長できる資質を持つ人物であることがアピールできている。
☑ **マッチング**	就活生の望む仕事の方向性と、企業の理念・社風、ビジョン、業務とが一致している。

最終面接

最終面接は、企業の管理職クラス以上の人が面接官として登場する形式であり、入社への真の意欲が試される段階といえます。

最終面接の基本的な特徴

　これを突破すれば内定となる「最終面接」は、企業の管理職クラス以上の面接官に対して1人で臨む、最後の難関ともいえる面接です。これまでの面接で、**就活生の基本的な人柄や能力、行動特性等はある程度、企業側も把握しているため、それらの再確認に加えて、入社の意欲を確認するステージ**になります。

　内定につながる面接ですので、面接官にとっては、入社意欲が本物

[最終面接の特徴]

面接官の人数	1～3人
就活生の人数	1人
時間	30分程度

でなければ内定を出す訳にはいきません。そのため、志望動機や入社してからやりたい仕事などを聞くことで、就活生の本気度を探っていきます。

▶ **入社の熱意を全力でアピール**

　志望動機や自己PRなどの質問については、最終面接以前の面接で話した内容であっても、まったく同じ回答にならないようにするのもポイントです。ここまでの面接で得てきた企業のリアルな情報なども回答に盛り込み、入社意欲を強くアピールすることが求められます。

　注意したいのは、管理職クラス以上の面接官は長期視点かつ厳しい目を持っているという点です。表面的な知識や言葉は、すぐに見透かされてしまうと考えておくべきで、**身の丈に合った視点で物事を話し、入社への熱意は全力でアピールするようにします。**

最終面接での評価基準

　社会への関心度も一つの指標になります。**時事関連や業界での最新情報などの質問がされた際も、しっかりとアンテナを張っていることをアピールできるよう、事前に準備しておくべきです。**時事については、自分なりの意見を発表できるようにしておく必要もあります。

　また、企業で活躍している先輩社員のどのような点が評価されているのかも知っておきたい情報です。企業のホームページなどで調べておくか、最終面接以前の面接で聞いておくとよいでしょう。

［ 最終面接の評価ポイント ］

☑ 入社意欲	これまでの面接で得たリアルな企業の情報等も盛り込みつつ、入社意欲の本気度がアピールできている。
☑ 社会性	情報にアクセスしつつ、自分の考えや意見を伝えることができている。社会への興味が強いことをアピールしている。
☑ 長期視点	単なるスキルを超えて、中長期的に会社に貢献し、引っ張ることのできる人物であるとアピールできている。

模擬面接でのポイント

　模擬面接は、本番で実力を発揮できるようにするために行うものです。友人や家族、就職課のスタッフに面接官になってもらい、受け答えを繰り返します。面接の形式に慣れるとともに、面接官役の人に面接の印象を評価してもらい、改善点を修正していきます。客観的な視点を得るため、自ら面接官の役をするのも有効です。

　面接は対話だけでなく、「自己PRをしてください」「志望動機を述べてください」というような定型的な質問の回答では、プレゼンテーションを主とする場面も多くあります。まず、力を入れて練習したいのはこの回答であり、レベルを上げる方法は下記の評価項目を意識して何度も練習を行うことにつきます。練習だからといって手を抜かず、本番だと思って模擬面接を行うことが大事です。

●スマートフォンですべての面接の過程を録画

　模擬面接は、本来は面接官役の人がいたほうがよいですが、1人で行うことも可能です。その場合、スマートフォンなどで録画し、あとで自分を客観的に見ることで自己評価していきます。撮影時は、全身と表情が映るようにしておきます。できるならば、回答シーンだけでなく、入室して挨拶をするところから、面接が終わって退室するところまで一連の流れで行うと、さらに実践的な練習になります。

[模擬面接での評価項目]

表情	時折、状況に応じて自然に笑顔を見せることができている。全体的に硬くなりすぎず、明るい印象を与えている。
目線	原則、話すときは相手と目を合わせる。本番で複数の面接官がいる場合、話している人の目を見ながら、それ以外の人の目も時折見るようにする。
声の大きさ	適度で、聞き取りやすい大きさを意識する。声が小さいのは、自信のなさの表れとみなされる。
話の内容	伝えたいポイントをしっかりと伝えられており、理解しやすい。簡潔で具体的であることが重要。

第4章

面接の
質問&正解例

面接でされる様々な質問に対する回答例を多数掲載しました。面接には、完全なる正解というものは存在しませんが、高評価につながる答え方というものは明らかに存在します。ここでは、そんな高評価が得られる「正解例」を、回答でのアピールポイントの解説等を含めて紹介しています。

Q 自己PR

自己PRをしてください①

╲ 面接官が知りたいこと ╱

- どういった行動をとる人物であるか
- 経験から何かを学び、成長できる人物か

攻略法▶ 強み・特性といった明確なアピールポイントを設定し、それに具体的なエピソードを絡めた自己分析を伝え、成長や学び、企業への貢献意欲を示します。

回答の流れ ①強み・特性を明示 ≫≫ ②エピソード ≫≫ ③学んだこと・仕事での活用

アピールポイント **協調性**

組織の中でチームプレイを大切にし、信頼関係を築き共通の目標に向かって協力するのが得意であることを、具体的なエピソードを交えて伝えます。

🔑 keywords 「チームワーク」「バランス」「協力」「助け合う」「調和を重視」「コミュニケーション」

アピールポイント **創造力**

アイデアやその背景・成果を具体的に説明し、自分のアプローチや考え方、実現するためのスキルを伝えます。アイデアを生み出すプロセスや、コミュニケーションなども具体的に説明します。

🔑 keywords 「アイデア」「発想」「イノベーション」「独創性」「オリジナリティ」

 これだと NG
- ▶自己PRすべきポイントが明確に定まっていない。
- ▶エピソードが自己PRで伝えたいことと合っていない。

チームでの意見調整の経験をアピール

何事もチームワークを最優先に動くようにしています。大学の学園祭の実行委員になったとき、個性がぶつかり合い、意見がまとまりませんでした。事態を解決するため、私は他の委員と積極的にコミュニケーションをとり、意見のメリット・デメリットを表にまとめて整理し、チームの方向性を導くことができました。結果として、前年比10%アップの過去最高の5万人が来場した学園祭になりました。この経験からチームワークの重要性を再認識し、チームワークに関する書籍を読むようにしています。

面接官の評価

協調性を大切にし、積極的に仕事仲間とコミュニケーションをとり合うことのできる人物であることが判断できる。

地域の魅力を伝えるアイデアを実現

自分なりのアイデアを考えることを、強く意識しています。「食・農・コミュニティ」がテーマのゼミでは、地元野菜の消費が減少しているという課題に対して、創造的かつ実現可能な解決策を見つけるため、インタビューや調査によって新しい視点を探しました。そこから生まれた、地域の野菜を使ったレシピのコンテストを開催するという私のアイデアが街フェスで採用され、地域の人に野菜の魅力を伝えることに成功しました。自分のイメージを形にする私の能力で御社に貢献したいです。

面接官の評価

自分なりにアイデアを追求する姿勢や課題に向けた行動力がわかり、成果を出している点も高評価。

自己PR

自己PRをしてください②

面接官が知りたいこと

- どういった行動をとる人物であるか
- 経験から何かを学び、成長できる人物か

攻略法 自分の強みを知ってもらうとともに、企業で活かせる強みであること、入社したらどういった貢献ができるのかも面接官にアピールします。

回答の流れ ①強み・特性を明示 ≫ ②エピソード ≫ ③学んだこと・仕事での活用

アピールポイント

コミュニケーション力

コミュニケーション力をどのようなシーンで発揮したのかを、エピソードとして伝えます。そして、能力・特性を企業の事業でどのように活用するのかアピールします。

keywords 「話す」「聞く」「質問」「伝える」「理解する」「交流」

アピールポイント

忍耐力

我慢強いことを伝え、その強みを表すエピソードを具体的に話します。どれだけ我慢強いのかが明確になるよう、数字等を用いて面接官にアピールします。

keywords 「我慢」「辛抱」「精神力」「忍耐」「持ち堪える」「耐える」

これだとNG
▶主体的でない経験しか述べられていない。
▶語られる経験から成長や学びが見えてこない。

正解例 気難しい人とも距離を縮められた経験

相手に寄り添いながら関係性を築くのが得意です。ボランティア活動で高齢者施設に行く機会があり、施設に不機嫌そうな高齢者の方が1人いました。原因はその方が自ら人に話しかけることが得意でなかったため、周囲から疎外感を覚えていることでした。そこで私は軽い話題から始め、相手の話を丁寧に聞き、質問を投げかけることで距離を縮め、その高齢者の方が笑顔で談笑しているのを見た施設の職員から驚かれました。入社した際には相手に寄り添うコミュニケーションがとれる能力をさらに磨き、販売部門で新規顧客獲得に力を入れたいです。

 面接官の評価 | 組織の中で必須となるコミュニケーション力が、エピソードでも明快にアピールできている。

正解例 厳しいクレームにも耐えられる能力をアピール

私はよく我慢強いといわれます。アルバイトの接客業で、お客様からクレームを受けたことがありました。およそ2時間近くにわたり、お客様の不満を聞くことになりましたが、的確な対応を心がけ、謝罪と誠意ある対応を行って、最終的にはお客様に納得していただけたことがあります。そのとき、人との信頼関係を築くためには忍耐力も重要であることを学びました。入社後、逆境や困難に直面しても、与えられた目標達成のために粘り強く取り組み、御社の利益に貢献していきたいです。

 面接官の評価 | 忍耐強く、ハートが強いことが伝わってくる。長期間にわたり一緒に働きたいと思わせる。

自己PRをしてください③

面接官が知りたいこと

- どういった行動をとる人物であるか
- 経験から何かを学び、成長できる人物か

攻略法 エピソードには、主体的に行ったことが前面に出てくるようにすることが大事です。エピソードを詳細に述べることで、面接官に能力や特性を印象づけます。

回答の流れ ①強み・特性を明示 》》》②エピソード 》》》③学んだこと・仕事での活用

アピールポイント **リーダーシップ**

アピールポイントがリーダーシップであることを伝え、その能力をどのように発揮したのかを、エピソードとして成功談とともに具体的に示します。さらに、その能力を企業で活用できることもアピールします。

🔑 **keywords** 「リーダー」「役割」「率先」「率いる」「引っ張る」「組織」

アピールポイント **継続力**

まずは、目標を立てたうえで、継続的に物事が続けられる能力を伝えます。その能力を裏付けるエピソードを、数字を交えながら説得力を持って表現。最後に継続力を仕事でも活かせることをアピールします。

🔑 **keywords** 「続ける」「日課」「身につける」「目標」「持続」「たゆまぬ努力」「コツコツ」

これだと NG
- ▶ アピールポイントの強み・特性に魅力が感じられない。
- ▶ 企業の理念や社風と就活生の強み・特性に一致が見られない。

正解例　サークル活動を引っ張った実績を主張

私はサークル活動でリーダーシップ経験を積んできました。私が所属していたサークルは、イベントを主催する活動をしており、私は活動の目標設定や進捗管理、タスク配分を行うリーダーの役割を担っていました。気をつけていたのはメンバーのモチベーションを高めることで、常に目標を作り、各自に役割を与えることでイベントを成功に導きました。これらの経験から、入社したら自分自身が率先して行動し、ゆくゆくは組織を引っ張っていくような活躍をしたいと考えております。

面接官の評価：エピソードから、就活生は主体的に動く能力を持っており、自分で考えて仕事ができる人物だということがよくわかる。

正解例　TOEIC® L&R テストのスコアをアピール

私は、長期的に物事を続けることを意識してきました。高校生のときから始めた英会話学習では、週に2回のレッスンを受け、毎日5つの英単語を学習することを5年間日課としてきました。その結果、実践的な英語力を身につけることができ、今ではTOEIC® L & R テストでスコア870点の実力が身につきました。社会人になっても、御社の理念の実現のために長期的な目標を立て、その目標に対して最後まで諦めずに継続して取り組むことで、御社に貢献していきたいと考えています。

面接官の評価：継続的な努力ができ、結果を残す人物だということがTOEIC® L&R テストのスコアからもわかる。

Q 自己PRをしてください④

面接官が知りたいこと

● どういった行動をとる人物であるか

● 経験から何かを学び、成長できる人物か

攻略法 入社したら、どのような成長をする人物であるか、企業にどのような利益をもたらすのか、を推測させるアピールを心がけます。

回答の流れ ①強み・特性を明示 》》》 ②エピソード 》》》 ③学んだこと・
仕事での活用

アピールポイント **計画性**

アピールポイントが計画性であることを示し、学生時代にどのような計画を立て、実行してきたかについて詳細に伝えます。エピソードの内容が資格取得であれば、業務で活用できる資格についてアピールします。

🖋 keywords 「スケジュール」「目標」「達成」「設定」「進捗」「優先順位」

アピールポイント **対応力**

強みとして対応力があることを伝え、それを示すエピソードを詳細に説明します。印象に残りやすいよう、出来事のシーンを切り取った表現で強みを伝えることで、面接官の印象に残るようにします。

🖋 keywords 「トラブル」「解決」「困難」「状況」「適応」「問題解決」
「臨機応変」

これだと NG ▶ 強みや特性があまり際立って表現されていない。

▶ 企業の利益に貢献してくれるような印象を受けない。

正解例 経営に関する7つの資格取得を宣言

私は目標達成のために、計画を立て、必要な手順を決定することを重視しています。大学入学時に達成したいこととして、在学中に中小企業診断士や2級FP技能士、日商簿記2級などの経営に関する資格を7つ取得する目標を設定しました。（アピール）学期の始めに目標達成に必要なスケジュールを立てて、毎週、進捗状況のチェックを繰り返し、結果として6つの資格を取得し、残った2級FP技能士の資格も秋に受験する予定です。入社後も計画性を意識しながら、業務に取り組んでいきたいです。

面接官の評価 高い目標をしっかりと立てて、その目標に向けて努力できる人物だということがよくわかる。仕事で実用的な資格も高評価。

正解例 臨機応変に対応したことをアピール

私は学生生活の中でトラブルに遭遇するたび、柔軟に対応をしてきました。ゼミでのグループワークの際、メンバーの1人が急遽欠席することになり、課題発表が困難な状況に陥ってしまいました。みんなは諦めかけていましたが、私はこの事態を打開するため、（アピール）欠席したメンバーに代わって個人の特性を考慮しながら、残りのメンバーに作業を振り分け、何とか課題を達成することができました。この経験を経て、対応力をさらに磨きたいと考えるようになりました。

面接官の評価 急な変更に対する対応力があり、仕事でトラブルがあっても自分で切り抜けられることが推測できる。

一言であなたを表現して ください

・。。。。 **面接官が知りたいこと** 。。。。・

- 自己分析が深い部分までできているか
- 一番の強みは何であるか

攻略法 自分の強みを表すような言葉を示します。面接が終わったあとでも印象に残るようなワードセンスが決め手ですが、それ以上に表現した一言を論理的に説明できることが大事です。

回答の流れ ①強みを一言で明示 》》》②エピソード 》》》③成果の披露・
　　　　　　　　　　　　　　　　　　　　　　 仕事での活用

アピールポイント **粘り強さ** - - - - - - - - - - - - - - - -

自分のアピールしたい強みである粘り強さを、どのような環境、手段で発揮したのかを示します。その粘り強さによって、どのような成果をもたらしたのかについても伝えます。

🔑 **keywords** 「探求」「追求」「しつこく」「根気」「長期戦略」

アピールポイント **調和性** - - - - - - - - - - - - - - - -

組織では重要な能力ともいえる調和性があることを端的に一言で伝え、特性を表したエピソードで強調します。調和性が役立った事例を示し、入社後の姿をイメージさせます。

🔑 **keywords** 「人を繋ぐ」「関係性」「円滑」「和む」「結束」「調整」
「改善」

**これだと
NG** ▶一言が就活生の強み・特性とあまり一致していない。
　　　 ▶強みを表すエピソードに成果や結果が見られない。

正解例 納豆のような粘り強さを表現

私は「納豆のような人間」です。掲げた目標を、粘り強く探求し続けることができ、結果を追求します。家庭教師のアルバイトでは、生徒の成績を20%アップさせるという目標を定め、様々な参考書や問題集を自主的に研究し、教え方も人気講師のネット動画などから学びました。特に力を入れたのは模擬テストの復習で、徹底的に学習の穴を分析し、しつこいくらいに問題を解いてもらい、当初の目標より10%多い30%の成績アップに成功しました。

面接官の評価

人としての粘り強さをうまく一言で表現できている。結果もしっかり追求しており、社会人になっても成果を生み出すことを想像させる。

正解例 人と人とを繋げられることをアピール

離れた場所を繋ぐ「橋」です。私は調和を重視し、人と人とを繋ぐ力があります。関係がよくない集団でも持ち前の明るさと人を和ませる話術で円滑な関係性の集団に変えられます。アルバイト先の飲食店はベテランとそれ以外の関係が分断状態にありましたが、双方に聞き取りを行い、挨拶の仕方が原因であるとつきとめて改善を双方に求め、関係性を修復しました。結果として店舗の働きやすさにつながり、売上向上に貢献できました。この能力で御社の結束をさらに強める役割を担いたいです。

面接官の評価

組織の中で重要な役割である潤滑油的な人物だとわかる。アルバイトで結果を出しているのも高評価。

あなたのこだわりは何ですか?

＼ 面接官が知りたいこと ／

- 就活生の価値観がどのようなものであるか
- どのようなことに対して興味を持っているのか

攻略法 自分のこだわりについて明確に答え、そのこだわりをどのように日常に反映しているのか、仕事をするうえでどのようなメリットがあるのかを示します。

回答の流れ ①こだわりを明示 ≫≫ ②エピソード ≫≫ ③有意義な活用・仕事での活用

アピールポイント **時間管理能力** ----------

ビジネスでは欠かせない時間管理というこだわりを、日常でどのように活用しているのかについてアピールします。他人の時間も大事にする意識を披露し、自分本位でないことも伝えます。

🔑keywords 「管理」「効率」「時間」「計画」「タイムマネジメント」「スケジュール」

アピールポイント **分析力** ----------

分析力を使って、どのような問題に取り組んだのかをアピールします。分析するべきデータや情報は、どのように集めたのか、分析した結果としてどのような行動を起こしたのかも伝えます。

🔑keywords 「情報」「整理」「データ」「統計」「傾向」「データ解析」「問題解決」

これだと NG
- こだわりが日常の中で活かされていない。
- こだわりが周囲に対してマイナスの要素になっている。

正解例　分単位で自己管理したことを強調

「時間」です。タイムマネジメントを常に心がけています。24
時間の中から、睡眠７時間を引いた残りの17時間について、分
単位で手帳に１週間分のスケジュールを書き込んで行動してい
ます。予定外の用事が入っても、その日の予定は必ずその日の
うちにこなします。この時間管理を大学の学習に活用すること
により、２年後期の成績ですべての科目について優をとりました。
誰かと何かを行う際にも相手の時間を無駄にしないよう、私と
ともにする時間が相手に有益になることをいつも意識しています。

面接官の
評価
時間管理の徹底ぶりが伝わってくる。一緒に働くこ
とになっても、計画を遵守して仕事を遂行してくれ
る人物だということが想像できる。

正解例　店舗の改善計画による売上貢献をアピール

「分析すること」です。分析は、情報を集めて整理し、情報を
深く理解し、問題を解決するまでの一連の工程だと考えています。
洋菓子店のアルバイトで接客をしていたとき、店の売上が伸び
悩んでいたので、独力で状況を分析しました。お客様からのア
ンケートの回答をベースに、人気店の調査等も行い、商品の
配置と新商品の開発、営業時間の延長を店主に提案し、売上アッ
プにつなげました。今後も自分の分析力を磨き、ビジネスの現
場でも問題解決に貢献したいと考えています。

面接官の
評価
分析の方法を理解していることがわかる。商業活動
の中で分析力を発揮している点が高評価。

75

自己PR

あなたを動物に例えると
何ですか？

╲ 面接官が知りたいこと ╱

● 動物とあなたの特性をどう論理的に説明できるか

● 特性をどう活かしてきたか

攻略法 この質問では、動物が何であるかは問題ではありません。自分の特性を十分な自己分析から理解していることを示すことが重要。印象に残るような動物であればベターです。

回答の流れ ①動物を明示 ⟫⟫ ②理由の説明 ⟫⟫ ③エピソード・成果

アピールポイント **行動力**

行動力をイメージさせる動物を述べ、様々な活動においてフットワークの軽さを存分に発揮しているエピソードを伝えます。どれだけの行動力であるか、数値を用いて表現するとより具体的になります。

🔑 keywords 「フットワーク」「俊敏」「足をつかう」「精力的に動く」「軽快」

アピールポイント **継続力**

コツコツと仕事をするのが得意ということの比喩として、アリやカメなどの動物があげられます。じっくりと物事に取り組んだ経験を、エピソードでも伝えていきます。

🔑 keywords 「続ける」「地道」「コツコツ」「積み上げ」「持続」
「たゆまぬ努力」

これだと
NG ▶動物と就活生の特性が一致していない。
▶動物の特性がエピソードに表れていない。

---- **正解例** インターンシップ8社参加をアピール

カモシカだと思います。カモシカは、身軽さや俊敏性、行動力が特徴の動物です。私自身も行動力があり、変化する環境においても迅速かつ適切な行動をとることができます。就職活動の中でも、自身の成長を意識しながら、積極的かつフットワーク軒く俊敏に行動することを心がけてきました。<u>御社と同業種の企業のインターンシップにも8社参加し、業界への理解を深める</u>ことができました。御社の企業研究では、工場への見学や販売店で製品に触れるなど足を使って情報獲得をしてきました。

アピール

面接官の評価 特性である行動力を活かして、活動的に就職活動を行っていることがよくわかる。

---- **正解例** コツコツ続けたゼミの成果を示す

私はアリに例えられると思います。体の小さなアリですが、地道に一生懸命働き続けます。私もコツコツと努力を重ねて、大きな成果を生み出すのが得意です。高齢者の行動学に関するゼミでは、駅前の高齢者の行動を長時間観察し、高齢者の屋外でのスマートフォンの使用状況について調査しました。<u>2か月間観察を続け、「○○地域の高齢者のスマートフォンの屋外での使用は若者の7割にとどまる」という結果を発表し、教授から高い評価をいただきました。</u>この経験より、一つの目標に向かってコツコツ努力する大切さを実感しました。

アピール

面接官の評価 エピソードとの関係性も高く、強く印象に残る。自社でも成果を残してくれそうな気配がある。

志望動機を教えてください ①

\\ **面接官が知りたいこと** /

- 就活生の志望度がどのくらいなのか
- 理念や社風と、就活生の強み・特性が合致するか

攻略法 企業でやりたいこと、挑戦したいことを明確にします。自分の企業選びの軸を伝え、どうしてもこの企業に入社したいという熱意や覚悟をアピールします。

回答の流れ ①志望動機を明示 》》》 ②理由の裏付け・エピソード 》》》 ③入社への意欲・抱負

アピールポイント **情報収集力**

志望した動機を伝え、エピソードなどを交えて志望動機をさらに深掘りしていきます。情報収集をポイントとするならば、自分がどんな方法で情報収集しているのかも明らかにします。

🔑 **keywords** 「トレンド」「アンテナ」「入手」「調査」「ソース」「知見」

アピールポイント **精神力**

志望した動機とエピソードを伝えます。エピソードでは、厳しい環境の中で精神力を培ってきたことをアピールし、志望する職種でも自分の強みを活かして結果を残せることを示します。

🔑 **keywords** 「強さ」「タフ」「負けない心」「打たれ強い」「くじけない」「ストレス耐性」

**これだと
NG**
▶ 入社の意欲があまり伝わってこない。
▶ 就活生の特性が企業の理念や社風と合っていない。

正解例　情報収集への興味の高さをアピール

日本経済を証券会社の調査部という視点で見ていきたいからです。この業界に興味を持ったのは大学入学後に投資を始めたのがきっかけです。国内外の政治経済の動向、企業業績、市場トレンドを常に把握し、投資判断することが重要だと思い、現場を見に行くことや経済新聞、業界新聞で情報入手に努めてきました。情報収集に対する興味が強いので、証券業界に入社したら将来的には独自の情報ネットワークを張り巡らし、証券アナリストとして国内経済の活性化に貢献できるような仕事がしたいです。

> **面接官の評価**
> 証券業界での情報収集の大事さを理解している。多方面にアンテナを張り巡らせている様が伝わってきて、証券業界で活躍する姿が想像できる。

正解例　ラグビーで鍛えたタフな精神力をアピール

実績第一主義で、業界のトップを目指すという御社の姿勢にひかれました。私は中学、高校、大学と強豪校のラグビー部に所属し、熾烈なレギュラー争いを繰り広げてきました。フォワードが私のポジションですが、どんなときでも前向きに、切磋琢磨して力をつけ、レギュラーを勝ち取ってきたという自負があります。法人営業では特に強い精神力が求められるとお聞きしていますが、ラグビーで培ったタフさを活かし、御社の掲げる目標売上高突破の一翼を担いたいと考えています。

> **面接官の評価**
> 営業職に必要な精神的タフさを持っている点は評価が高い。企業の推進力になり得る人物だと期待させる。

志望動機を教えてください②

\\\ 面接官が知りたいこと ///

- 就活生の志望度がどのくらいなのか
- 理念や社風と就活生の強み・特性が合致するか

攻略法 企業でやりたいこと、挑戦したいこと、自分の特性を明確にし、自分が入社したら企業にどのようなメリットをもたらすかをアピールします。

回答の流れ ①志望動機を明示 》》》 ②理由の裏付け・エピソード 》》》 ③入社意欲

アピールポイント **提案力**

企業を志望した動機を伝え、さらにエピソードを詳細に説明することで動機の深掘りを行います。最後は、自分の強みである提案力を企業で活かせることをアピールします。

🎤 keywords 「アイデア」「アドバイス」「提言」「発言」「改善」「問題解決」

アピールポイント **チャレンジ精神**

企業を志望した動機を伝えます。志望理由では、企業選びの軸と企業の理念・社風との一致についても強調し、入社したら自分の強みを活かして、結果を残せることをアピールします。

🎤 keywords 「トライ」「挑む」「立ち向かう」「成し遂げる」「取り組む」「新しいことへの挑戦」

これだと NG ▶ 志望動機が理路整然と説明できていない。
▶ IR（株主情報）など客観的な情報があげられているにすぎない。

正解例 アルバイト先での提案・実績をアピール

中小企業のIT化を進めたいと考え、中小企業をターゲットとする御社で働くことを志望しました。売上が減少していたアルバイト先の生活雑貨店で、対応策として**ITシステムの導入で、受注から顧客応対、発送に至るまでを一貫して行うオンライン販売の開始を私が提案し、売上がV字回復したため店長から報奨金をいただきました**。この経験から、中小企業でのITの活用をもっと広めていくべきだと感じました。御社に入社しましたら、私の提案力を発揮して新規顧客の獲得で貢献したいです。

（アピール）

面接官の評価 アルバイトであっても、主体的に提案し、結果を残したことがよくわかる。入社後に活躍する姿が想像できる人物である。

正解例 就活の軸と企業の理念・社風の一致をアピール

私が御社を志望する理由は、私が持っている就職活動の軸と御社の理念・社風が合致しているからです。私は、「チャレンジに重きを置く企業」「主体的に働く環境がある企業」「適正な評価を重視している企業」という3点を企業選びの軸としており、**御社が業界内でも積極的な挑戦を続けている点や、主体的な人材を求める社風、社員評価において具体的な数値を重視している点**と合致しています。ぜひ、御社の企画営業部で社長賞がもらえるような活躍がしたいです。

（アピール）

面接官の評価 企業選びの視点が明確にわかり、企業とのマッチングでも一致していることをアピールできている。

志望動機

当社のどこに関心を持ちましたか?

╌╌╌ 面接官が知りたいこと ╌╌╌

- 企業研究を十分に行っているか
- 自社に対する志望度はどの程度であるか

攻略法 企業研究をしっかりとしていることを、企業に関心を持った要素をしっかり伝えることで訴えます。また、会社方針と自分の企業選びの考えとの一致もアピールします。

回答の流れ ①関心を持ったことを明示 ≫ ②理由 ≫ ③入社してやりたいこと

アピールポイント 【 **企業理念への共感** 】

郷土愛を持っており、企業の地方にアプローチする姿勢に賛同していることについてアピールします。そして、企業の経営方針と、企業選びの考えの一致を伝えます。

🔑 keywords 「賛同」「共感」「強い興味」「関心がある」「賛同する」
「理念に魅力を感じる」

アピールポイント 【 **企業選びの軸** 】

企業研究や会社説明会の中で、企業の事業内容に強く関心を持ったことを伝え、さらに自身の環境対策という企業選びの軸をアピールします。

🔑 keywords 「軸が一致している」「マッチする」「御社ならば〜実現できる」
「入社後に貢献できる」「理想の企業像」

これだと
NG
▶企業に関しての情報が表面的すぎる。
▶自分の企業選びの軸が明確になっていない。

正解例 企業理念に共感していることをアピール

私が御社に興味を持った理由は、御社が地方の活性化に重きを置いているからです。業界で常に最先端のテクノロジーに取り組む姿勢と、地方の発展にも貢献するという理念に魅力を感じました。私は大学で地方から上京してきましたが、家族が住み、子供時代を過ごした郷土への愛は年々高まっており、地方をどうにかしたいという思いが強いです。御社で働く際には、地方を活性化させる事業に携わりつつ、都市と地方が共存する社会作りを進めたいです。

面接官の評価 地域社会への貢献の意識が前面に出ており、企業とのマッチングもよいという印象を受ける。志望度の高さも強く感じる内容である。

正解例 環境対策で社会貢献したいことを主張

御社でなら自分のやりたい環境面での社会貢献も実現できると確信しているからです。造船業界で働きたいと思い、御社の説明会に参加しましたが、競争力強化のための他業種との業務提携や、温室効果ガスの排出削減に対する姿勢を強く打ち出した説明を聞いて、どの企業よりも興味を持ちました。アグレッシブでありつつ、環境面など足元を見ることも忘れないという姿勢は、私が学生生活で最も意識してきたことであり、就職活動で軸にしてきたこととも一致しています。

面接官の評価 企業選びの軸があり、入社後に自分がしたい仕事の方向性も示している。

なぜライバル会社である A社でなく当社なのですか?

面接官が知りたいこと

- ●自社に対する志望度は本当に高いか
- ●業界研究と企業研究ができているか

攻略法 業界研究と企業研究から、どういった点でその企業を志望することになったのかを伝えます。また、自分の企業選びの軸と合っている点もアピールします。

回答の流れ ①企業への志望理由を明示 》》》②理由の深掘り 》》》③入社意欲

アピールポイント **企業理念への共感**

企業研究から企業の理念をくみ取り、その点についての自身の考えを伝え、そのうえで自身の企業選びの軸を表明し、入社したいことをアピールします。

🔑 keywords 「賛同」「共感」「強い興味」「関心がある」「賛同する」
「理念に魅力を感じる」

アピールポイント **企業選びの軸**

企業研究を通じて、企業の理念や経営方針に対して理解を深めていることを伝え、エピソードを交えて自身の考えと企業の理念や経営方針が一致していることを示し、入社意欲をアピールします。

🔑 keywords 「軸が一致している」「マッチする」「御社ならば〜実現できる」
「入社後に貢献できる」「理想の企業像」

**これだと
NG**
▶その企業を優先的に志望する理由が明確になっていない。
▶業界研究や企業研究をした気配が感じられない。

正解例 ▶ 自分なりの視点で比較したことを主張

御社が掲げる「オンリーワンの企業」という方針に共感したからです。同業界で6社の会社説明会に参加し、100年後にも業界で独自のスタンスを確立している企業だろうか、という点で話を聞いていました。その点、御社は商品だけでなく、仕事の進め方にまで独自性を追求し、他社が追いつけない企業だと感じました。私の企業選びの軸は「オリジナリティの高い企業」であり、独自の理念や方針のある御社で働きたいという思いを強く持っています。

面接官の評価

複数の企業の会社説明会に参加し、自分なりの視点を持って企業を見極め、その結果、自社を選んでいる点は志望度の高さを感じる。

正解例 ▶ 理想的な企業だと考えていることを強調

企業研究をする中で、御社が顧客満足度を第一に掲げていることを知りました。私が消費者として感じていたのは、意外に顧客よりも利益や自社ブランドを広めることを優先している企業が多いということです。御社に商品の使い方で問い合わせをしたときは、丁寧な対応に感激し、顧客を何より優先する企業で働きたいという思いを強くしました。会社説明会で業界ナンバー1のA社の様子も知ることができましたが、御社のほうが私が望む理想の企業像に近いと考えております。

面接官の評価

エピソードで顧客満足度をなぜ優先しているか明確にしており、それにもとづいて企業選びをしている。

Q なぜこの職種を志望する のですか?

面接官が知りたいこと

- 職種に対する熱意やビジョン、適性はどうか
- 入社後の配属先はどの部署が考えられるか

攻略法 職種を志望する理由を説明し、その根拠となるエピソードなどを披露して熱意をアピールします。また、職種にマッチする自分の特性や能力も強くプッシュします。

回答の流れ ①理由を明示 》》》 ②エピソード 》》》 ③企業での貢献・入社意欲

アピールポイント **交渉力**

職種を志望する理由をまず掲げ、エピソードで自分が経験したこと、そこから感じたことを伝えます。企業の優れた商品の営業について、自分の交渉力を存分に活かすことができるとアピールします。

keywords 「売り込む」「折り合い」「利害」「折衝」「調整」

アピールポイント **国際的貢献への思い**

なぜこの職種を志望するのかを、事業内容に関連づけて伝えます。また、その職種に関わる企業の近年の動向について、自分が興味を持った点は何であるかをアピールします。

keywords 「国際的なフィールド」「海外プロジェクト」「命を守るプロジェクト」「国際貢献」

これだと NG
- ▶職種についての深い理解が感じられない。
- ▶なぜ志望するのかという理由が見えてこない。

正解例 商品の信頼性で交渉力を発揮できると強調

御社の営業職を志望する理由は、信頼性と品質を兼ね備えた御社の商品であれば、自分の持つ交渉力を最大限に活かして、自信を持って売り込むことができると考えるからです。アルバイトの家電量販店では、豊富な商品知識を武器にフロアで上位の売上を実現してきました。ただし、性能が低く、信頼性の低いメーカーの製品を売るのは気が進みませんでした。その点、御社の商品であれば迷わず営業することができ、さらに能力を高めるのに御社は最適な環境だと考えるからです。

面接官の評価 アルバイトでのエピソードから、顧客に対して誠実な接客ができ、物を売り込む能力にも秀でていることがわかる。

正解例 企業のプロジェクトに共鳴している点をアピール

御社の事業企画の職種であれば、国際的なフィールドでゼロからイチを作り出す業務に携われると考えるからです。近年、御社のプロジェクトとして、アフリカの水が不足する地域で、飲料水を生み出す技術を導入したというニュースを見ました。営利事業でありつつも、人の命をつなぎとめるプロジェクトを推進できる御社の仕事に感銘を受けました。私自身、国際的なフィールドで事業を通じて貢献したいという思いを子供の頃より抱いており、御社の事業企画という職種で実現したいです。

面接官の評価 企業の事業を研究していることを示し、自分のビジョンと一致している点もアピールできている。

この会社でどんなことを
したいですか?

〳 面接官が知りたいこと 〵

- ●実際に働くイメージを持っているか
- ●仕事に向き合う姿勢や価値観はどうであるか

攻略法 企業研究を通じて得た企業の業務に対する理解を伝え、エピソードを交えながら、自分が企業で働くことによって叶えたいことをアピールします。

回答の流れ ①したいことを明示 》》②理由・エピソード 》》③企業での貢献・叶えたいこと

アピールポイント **使命感**

しっかりと企業研究をしていることが伝わるよう、企業の理念や経営方針等を交えて、企業でしたいことを伝えます。企業理念や経営方針について自分が賛同していることもアピールします。

🔑 keywords 「意志」「責任」「役割を全うする」「意気」「ミッション」「至上命題」

アピールポイント **大学での研究**

入社後に企業でしたいことを述べ、学業での学びや研究が、いかに企業の事業で活かせるかについてアピールします。さらに学んできたことや研究をベースとしたアイデアがあればアピールします。

🔑 keywords 「専門性」「研究内容」「イノベーション」「研究でのプロセス」「研究概要書」

**これだと
NG**
▶入社してやりたいことがはっきりしていない。
▶自分の強みが、やりたいことに反映されていない。

正解例 企業の使命感への共鳴を強調

社会インフラを担うという重要な役割を持つ御社で、何が起こっても安全に鉄道を運行できるような取り組みや開発に携わりたいと考えております。私自身、震災で帰宅ができない経験をしました。そんなときでも<u>素早く安全を確保し、運行を開始した御社の姿勢に「お客様を安全に送り届ける」という方針に偽りなしと強く感じました。</u>ぜひ使命感を持って、御社において安全を確保するための対策をする部署で仕事がしたいです。

 面接官の評価　生活の基盤となるインフラを担う事業の重要性と使命感について、就活生がよく理解していることがわかる。業界に対する理解度の高さは高評価。

正解例 大学での研究が活かせることをアピール

御社で持続可能な社会を構築するため、環境への負荷の少ない製品の開発がしたいです。大学では、御社の事業と密接に関係する都市環境工学を学んできました。都市環境で周辺環境を悪化させないための都市設備を中心として、<u>環境浄化・生態系保全・総合水管理・廃水処理といった各種の技術やシステムについて研究してきました。</u>私は、御社の環境浄化システムについてもともと大変興味があり、微生物を用いた自分なりのアイデアを深化させ、御社の発展のために貢献できればと考えております。

 面接官の評価　大学での具体的な研究内容が、企業の事業に関連していることをアピールできている。

志望動機

入社後にチャレンジしたいことが あれば教えてください

╲ **面接官が知りたいこと** ╱

- ●企業研究を深いレベルで行っているか
- ●入社後の自身の姿がイメージできているか

攻略法 企業研究をして事業や業務への理解を深めたうえで、自身のビジョンを考慮しつつ、企業の業務に沿ったチャレンジしたいことを伝えます。

回答の流れ ①チャレンジしたい ≫≫≫ ②理由・エピソード ≫≫≫ ③入社意欲
　　　　　　 ことを明示

探究心

まずは具体的な部署や業務を提示し、そこでどのような結果、成績を残したいのかを伝えます。企業で活躍している人物の例などもあげ、入社への意欲を示します。

🔑 **keywords** 「研究」「調査」「調べる」「分析」「興味」

親しみやすさ

自分の強みである親しみやすい人柄を社内で発揮することが、チャレンジする目標であることをアピールします。具体的な数字を掲げることで、リアリティのある目標を演出します。

🔑 **keywords** 「気さくさ」「明るさ」「ふれあい」「フレンドリー」「気やすい」
　　　　　　　　「人懐っこい」

これだと NG
▶入社後したいことがチャレンジに該当する内容ではない。
▶あまり企業研究をしているように感じられない。

正解例 同期トップの成績をあげることを宣言

私は営業部で、お客様の潜在的なニーズを把握して、多様な提案を行い、同期でトップの成績を残したいと考えております。会社説明会でお話をうかがった営業部の方は、お客様のニーズや自社の製品についての研究を熱心に行うことで、年間を通じて営業部ナンバー1の座を維持していると話されていました。私は経営管理ゼミで細部まで研究する力を養ってきており、物事をつきつめることに自信があります。入社したら、先の目標を達成し、ぜひ御社のために役立ちたいと考えております。

面接官の評価　社内で活躍している人物がどのような特性なのか調べたうえで、入社後にチャレンジする目標を具体的にアピールしている。

正解例 親しみやすい人柄で印象を残すことをアピール

1日も早く、本社の方全員に私の顔と名前を覚えてもらいたいです。小学生の頃から気さくで親しみやすい人柄だとよくいわれます。誰にでも気軽に声をかけるので、友人からも一度会ったら必ず印象を残す人だといわれます。この持ち前の気さくな人間性を発揮して、500人ほどいらっしゃる本社の社員の方に毎日できるだけ多く声をかけていき、1か月で全員に覚えられたいと思います。そういったふれあいの中から、御社の雰囲気や業務の特性を肌で感じていきたいと考えています。

面接官の評価　人柄をうまくアピールできている。ムードメーカーとして組織に必要な人物であることが推測できる。

91

Q あなたが仕事選びで 大切にしているものは何ですか？

面接官が知りたいこと

- 持っている価値観はどういったものであるか
- 仕事に対してどのような考え方を持っているか

攻略法 仕事選びの軸をしっかりと伝え、その軸から志望する仕事や企業を選んでいることを伝えます。なぜ仕事選びの軸を今のように設定しているかについても明確にします。

回答の流れ ①仕事選びの軸を明示 》》 ②理由・エピソードの説明 》》 ③将来への展望・入社意欲

アピールポイント **調整力**

自分の持ち味である調整力を発揮したエピソードを伝え、結果として組織をよくしたことをアピールします。その経験から、仕事でも自分の調整力を活かしたいことを示します。

🔑 keywords 「つなげる」「話し合う」「問題解決」「聞く」「とりもつ」「バランス」

アピールポイント **努力する力**

正当な評価をされるのであれば、どんな仕事であっても努力することができ、自分の能力を発揮できるということを伝えます。企業研究で得た企業の評価方法について、自分の考えにマッチしていることをアピールします。

🔑 keywords 「努力する」「努める」「励む」「尽力」「全力で取り組む」「成果を残す」

これだと NG
- ▶仕事選びの軸と企業の事業とがマッチしていない。
- ▶企業の理念や方針への理解がない。

正解例 ▶ サークルの分裂危機を調整した経験をアピール

人と人との間をとりもつことです。所属している音楽サークルでグループが2つに分かれ、お互い挨拶もしない状態になっていました。そこで、私が両グループの主要メンバーと話し合い、サークル存続の危機にあること、解決策として「紅白対抗コンサート」と銘打った両グループによる駅前コンサートを提案し、実現したことでサークル内での一体感を取り戻すことができました。この経験をしたことで、人と接して問題解決をはかる仕事がしたいと考えるようになりました。

面接官の評価：組織の中で必要な調整役を担える人物だとわかる。組織をまとめるために、自ら行動することができる点も高評価。

正解例 ▶ やりがいがあれば最大限努力できる特性を強調

やりがいです。会社では自分の思った部署で最初から働けるとは考えておりません。私自身は商品企画の現場に携わりたい気持ちもありますが、会社に貢献できるのであればどの部署でも最高の成果を残せるよう全力で取り組みたいです。前提として、成果が評価されることで、やりがいを得られることが重要であり、社員に見える形で評価がされる人事評価制度を採用する御社ならば、どんな仕事であっても迷うことなく、自分の持つ努力する力を最大限活かして仕事ができると考えています。

面接官の評価：仕事選びの軸が明確で、企業が社員を評価するシステムを重視している点との合致も伝えている。

仕事選び・ビジョン

就職活動での企業選びの軸は何ですか?

面接官が知りたいこと

- 企業研究を行っているか
- 企業理念に合った人物であるか

攻略法 企業研究をしっかりとしていることを、表面だけではない企業に関する情報を伝えることで示し、自分の企業選びと志望動機の合致をアピールします。

回答の流れ ①企業選びの軸を明示 ≫ ②理由・エピソード ≫ ③入社意欲

アピールポイント
成長性

企業の成長性を重んじる経営方針について、自身の成長性を重視する考えとマッチすることをアピールします。また、大学時代にも成長性にこだわってきたことを伝えます。

keywords 「進化」「発展」「育成」「レベルアップ」「拡大」

アピールポイント
創造性

大事なことが創造性であると述べ、創造性に触れて感銘を受けた経験から得た気づきについて伝えます。最後に、創造性を重視した企業で能力を試したいことをアピールします。

keywords 「アイデア」「創出」「新商品」「独創的」「結束」「クリエイティブ」「ものづくり」

これだとNG
▶企業選びで大事にしていることが明確でない。
▶大事にしていることのエピソードに説得力がない。

正解例　自分の過去と将来の成長をアピール

成長性の高さです。御社は市場の変化に応えるため、常に新技術を開発し、市場を拡大しています。社員育成や研修制度も充実しており、社員が能力を発揮し、成長できる環境が整っています。私は大学の成績で前年比100%成長を目標にし、1年生後期で5科目だった最高評価のS評価を、2年生の後期の成績で2倍の10科目にすることで達成してきました。御社は私が企業選びの軸とする、「10年後に3倍成長している企業」とも合致しており、入社後も成長し、御社の事業成長に寄与したいです。

面接官の評価
成長性へのこだわりが大学時代のエピソードから伝わってくる。企業選びの軸である「10年後に3倍成長」というコピーも印象に残る。

正解例　創造性が自分の価値観を変えた体験を述べる

消費者に新たな出会いを創出できる企業であることです。御社は、炭酸飲料の新フレーバーを開発し、発売しています。商品選びでは保守的だった私でしたが、このフレーバーを薦められて飲んでみたところ、体験したことのない味わいに感動し、それ以来、新商品を積極的に試すようになりました。この経験から、新しい商品との出会いは人の価値観を広げる力を持っていることに気づき、そのような商品を創出できる企業で働きたいと思うようになりました。

面接官の評価
新しい商品から自身の価値観が変わり、企業選びにも大きく影響していることが伝わる内容である。

Q 志望していない部署に配属されたらどうしますか?

--- 面接官が知りたいこと ---

- ●志望していない部署への配属でも大丈夫か
- ●どのように入社について考えているのか

攻略法 本音は嫌だと思っていても、他の部署に配属されても大丈夫であるという意思を伝えることが大事です。そのうえで、将来的には志望する部署で働く熱意も伝えます。

回答の流れ ①別の部署でも 》》 ②理由づけ・ 》》 ③将来的な展望・
大丈夫だと明示　　　エピソード　　　過去の行動実績

 アピールポイント **柔軟性**

企業自体の魅力が第一であることを伝え、どの部署であっても、柔軟性のある考え方で頑張っていけることをアピールします。どこの部署でも結果を出し、将来的には望む部署へ転属したいという意志は示しておきます。

🔑 keywords 「臨機応変」「融通」「柔軟」「寛容」「しなやかさ」「流動」

 アピールポイント **適応力**

どの部署に配属されるかは、人事の都合でわからないという企業の事情を察している点を伝え、学生時代のエピソードで、自分の思い通りいかない環境でも実績を残したことをアピールします。

🔑 keywords 「適合」「順応」「即応」「対応」「環境」「合わせる」
「フレキシブル」

 これだと NG
▶志望しない配属は許容できないことをアピール。
▶部署への配属について何も考えていない。

正解例 将来、志望部署でキャリアを活かせることを強調

志望する部署は国際営業部ですが、御社の社風や社会貢献度の高い事業に対する魅力が志望の大きな理由ですので、どの部署であっても自分の特性である柔軟な考え方を発揮して頑張っていける自信があります。どの部署であっても、いろいろな角度から御社のことを深く知ることができますし、もしも将来的に希望する国際営業部へ異動になったら、それまで培ってきた知識やスキル、人材面でのつながりは業務を行ううえでプラス以外のなにものでもないと考えます。

面接官の評価 どの部署の配属でも柔軟に取り組める姿勢を示し、将来的には転属を希望するという姿勢は高評価。それまでのキャリアを活かせるという考え方もよい。

正解例 組織の意向に適応できることをアピール

新卒で入社する以上、自分の希望する部署に必ず配属されるとは思っておりません。私の適性等を考慮して会社が決める配属先でしょうから、まずはその部署で自分の能力を100%発揮するべきだと考えております。大学で所属していたサッカー部でも、私はフォワードを志望していましたが、チーム事情でディフェンダーになりました。それでも腐ることなく、ディフェンダーとして適応し、地域の大会に出場して2度の優勝を飾ることもできたので、どの部署でも力を発揮していけると考えています。

面接官の評価 実際に環境に適応して、結果を残したという学生時代の部活動のエピソードは説得力がある。

Q この業界で大切なことは何だと思いますか？

┈┈ 面接官が知りたいこと ┈┈

● 業界研究を十分に行っているか

● 自分なりの考えを、論理的に説明できるか

攻略法 ▶ しっかり業界研究、企業研究を行ったうえで自分の意見を伝え、企業への志望度が高いことを直接的でなくてもアピールする必要があります。

回答の流れ ①業界で大切なことの提示 ≫≫ ②理由 ≫≫ ③エピソード

アピールポイント **信頼性** ┈┈┈┈┈┈┈┈┈┈┈┈┈┈┈┈┈┈┈┈┈┈

業界で大切なことを述べ、その理由を具体的に説明します。理由の裏付けになるような自分のエピソードを伝え、自分がなぜそう考えるのかについて説得力を持たせます。

🎤 keywords 「信用」「委任」「信じる」「頼りにできる」「クレジット」

アピールポイント **聞く力** ┈┈┈┈┈┈┈┈┈┈┈┈┈┈┈┈┈┈┈┈┈┈

就活生が考える業界で大切なことを伝え、その理由について自分の考えや価値観をアピールします。エピソードとして、自らが聞く力を存分に活かした経験を話し、企業で自分の能力を活かせることを訴えます。

🎤 keywords 「傾聴」「アンケート」「ニーズ」「意見を聞く」「声」「耳を傾ける」

これだと NG ▶業界研究をしていないことが明らかである。
▶論理的な説明ができていない。

正解例 信頼を得たエピソードを示す

信頼だと思います。住宅は人生で最も大きな買い物の一つであり、その選択が将来を左右することもあります。だからこそ、お客様が望む物件を提供するだけでなく、お客様との長期的な信頼関係を築くことが大事だと考えます。アパレル店でアルバイトをしていますが、そこでも商品以上に大事なのは信頼だと感じました。<u>商品購入で迷っているお客様がいて、営業時間外になっても細やかに商品説明をした私のことを気に入ってくださり、以来、定期的に来店していただいております。</u>

面接官の評価 物を販売するうえで最も大事な要素を理解できている。アルバイトで、信頼の重要性を身をもって体験している点も説得力がある。

正解例 聞く力を持っていることをアピール

お客様の求める声をしっかり聞くことが一番大切だと思います。食品メーカーは、安全かつおいしい製品を提供しなければなりません。おいしいという定義は、時代とともに変化するため、お客様のニーズをくみ取り、企業が常にチャレンジすることが重要だと考えています。私は常に聞く力を意識して学生生活を送ってきました。<u>イベントサークルでは副部長を務め、部員の意見を聞きながら「全国裏名産展」と称したイベントを企画し成功させました。この聞く力を御社で活かしたいです。</u>

面接官の評価 業界の本質をいい得ている回答は、とても重要な考え方を含んでおり評価に値する。

Q 当社の製品(サービス)を どう思いますか?

╲ 面接官が知りたいこと ╱

- ● 企業の製品やサービスを理解しているか
- ● どんな考え方や価値観を持つ人物か

攻略法 ▶ 消費者としての商品やサービスに対する視点だけでなく、入社後の自分の立場も想定して、改善の提案などにより自分の価値観や考えを交えて感想を伝えることが重要です。

回答の流れ ①感想や意見を明示 》》》②理由・エピソード 》》》③入社意欲・
改善点の提案

アピールポイント **仕事選びの軸**

商品やサービスについての自分なりの感想を伝え、企業のホスピタリティを重視するという点と、自分の企業選びの軸である「細やかな接客」を結びつけてアピールします。

🔑 keywords 「マッチする」「共鳴する」「企業理念に共感」「魅力を感じる」

アピールポイント **創意工夫する力**

企業の商品やサービスに対して、実際に使って感じた感想や意見を伝えます。そして、自分なりの改善点や要望等を述べることで、創意工夫することのできる能力をアピールします。

🔑 keywords 「改善」「改変」「改良」「創意」「考え出す」「アイデア」
「よくする」「提言」

これだと NG ▶ サービスや商品への深い理解が表現できていない。
▶ 価値観や考え方、強みが見えてこない。

正解例 ホスピタリティへの共鳴をアピール

御社の店舗の接客の細やかさに驚きました。スマートウォッチを購入した際も、機能や性能への疑問について明確に回答していただけました。商品の使い勝手の面での、ライバル製品との違いも詳細に教えていただき、安心して購入することができました。御社のインターンシップでこの点についてお聞きしたところ、御社が商品説明を含むホスピタリティに何より力を入れていることを知り、<u>私の企業選びで大事にしている「細やかな接客」</u>が、御社ならば極められると確信しています。
<small>アピール</small>

面接官の評価：企業のサービスに対して、細やかに分析できている。ホスピタリティの本質にも着目し、自らの考えとのマッチングをアピールできている。

正解例 製品への自分なりのアイデアを披露

御社の歯ブラシを愛用しています。他社製品との違いは商品コンセプトが明確な点だと考えています。私は歯茎が弱く、細毛タイプでヘッドの小さいものを選びますが、御社の製品はそれでもしっかりとブラッシングができます。これも消費者のニーズのもと商品開発をしているからだと思います。<u>使っていて思いついたことは人間工学にもとづいた柄の部分が少し太いラインナップも需要があるのではないか</u>ということです。私は創意工夫することが好きなので入社したら製品作りに関わりたいです。
<small>アピール</small>

面接官の評価：ニーズをもとに商品開発を行っていることをくみ取っており、その重要性を理解できている。

Q 他に受けている会社を教えてください

面接官が知りたいこと

- 就職活動の軸をどのように考えているのか
- 自社への志望度の高さはどの程度か

攻略法 就活生が複数社を受けていることは当たり前なので、素直に就職活動の状況を伝えてよいでしょう。ただし「御社で働きたい」「御社が第一志望です」という熱意を示す必要があります。

回答の流れ ①受けている企業の明示 ≫≫ ②選考状況 ≫≫ ③企業への入社意欲

アピールポイント **本気度**

業界に対する志望の本気度を伝え、具体的な企業名を複数伝えます。業界への本気度を主張するため、それ以外の業界についてはあえてあげることもないですが、関連する業界であれば理由とともに伝えます。

🔑 **keywords** 「～したい」「第一志望」「いちず」「ひたすら」「本気で」

アピールポイント **業界愛**

業界を志望する理由を詳細に伝えて、業界への熱意をアピールします。第一志望が実は違っても、企業の面接では第一志望だと伝えてもよいでしょう。特に、選考の最終段階に近い面接であれば、第一志望であると明確に示したほうが内定が出やすくなります。

🔑 **keywords** 「好き」「ひかれる」「志望する」「甲乙つけがたい」

これだと NG
- ▶受けている会社から企業選びや業界選びの軸が感じられない。
- ▶自社への志望度が明らかに低いことがわかる。

正解例 内定がもらえれば就活終了を強調

製薬業界を中心に受けています。A社とB社は一次面接の結果待ちで、C社は二次面接まで進んでいます。また、製薬業界に関連する医療関連のメーカーも数社受けており、1社はすでに内定をいただきました。その他は書類選考段階です。私はあくまでも製薬業界で働きたいと考えており、引き続き就職活動を行っています。製薬業界の中でも、開発力では他社の追随を許さない御社を第一志望と考えており、御社で内定をいただければ就職活動はやめるつもりです。

面接官の評価
企業選びの軸がしっかりとあるし、自社を第一志望とする理由も明確。内定をもらえれば就活を終了することにも言及しており、本気度が伝わる。

正解例 業界への熱意をアピール

大手の飲食業界を中心に、御社の他に7社受けています。私は飲食業が子供の頃から好きで、近所の洋食店でアルバイトを3年間続けています。アルバイトを通じて、お客様の笑顔が見られることにやりがいを感じております。そのため、気軽に食のアミューズメント体験を提供できる飲食業で働くことを志望しております。特に御社とA社、B社は、どの会社も甲乙つけがたく、各社の会社説明会にも参加しております。ただ、今日の面接で御社に入社したいという気持ちが強くなりました。

面接官の評価
企業選び、仕事選びの軸が明確に伝わってくる。業界への熱意が本物であることがわかる。

当社は第一志望ですか？

面接官が知りたいこと

- 本気で入社する意思があるか
- どのような考え方で企業選びをしているか

攻略法 企業にとって第一志望の就活生の選考を優先したいのは当然の心理。したがって、原則は「第一志望です」が回答になりますが、「第一志望群」などという表現も考えられます。

回答の流れ ①第一志望であることを明示 ≫≫ ②理由・エピソード ≫≫ ③入社意欲・やりたい仕事

アピールポイント **責任感**

第一志望であることを伝え、なぜそのような思いに至ったのか、インターンシップや会社説明会、企業研究などの事例を出して説得力を持たせます。最後に、入社したら自分がどのような仕事をしたいのかアピールします。

🎤 keywords 「責任を果たす」「信用」「使命」「やり遂げる」

アピールポイント **将来のビジョン**

第一志望であることを伝えます。そのうえで、業界の志望理由、企業の志望理由を詳細に伝えます。そして、企業の方針と自分の描くビジョンとが一致していることをアピールします。

🎤 keywords 「未来像」「最先端の技術」「未来の社会」「見通し」「夢」「イメージ」

これだと NG
▶ 第一志望、もしくは第一志望群であると述べていない。
▶ 入社意欲があまり感じられない。

インターンシップで受けた感銘をアピール

はい、御社が第一志望です。インターンシップで御社の厳重で徹底した製品管理体制の説明を受けるとともに、生産現場での管理システムを実際に見せていただき、感銘を受けました。製品管理から、顧客への思いや御社の製品に対する考えがひしひしと伝わってきました。私自身、自分の関わる製品について、可能な限り製造者としての責任を果たしたうえでお客様にお届けしたいという思いが強く、製品管理で他社の追随を許さない御社でぜひとも働きたいと考えております。

面接官の評価　本当に自社を第一志望としていることが伝わってくる。自身の仕事についての価値観と、自社のマッチングについても触れており高評価。

正解例 ビジョンを強く抱いていることをアピール

第一志望です。私は、人々の未来を変える可能性を秘める建設業界を志望しています。中でも御社は未来志向の技術ではナンバー1であり、そんな技術を武器とする御社で働きたいと強く考えております。インターンシップでも開発課の方のお話をうかがい、常に最先端の技術を取り入れることを企業理念としていることを知りました。建設という視点から未来の社会を担う御社で、年間100冊読んでいるSF小説から学んだ私の持つ社会や街作りの未来像を、現実の形に変えてみたいです。

面接官の評価　新しい風を社内に吹かせてくれそうな期待を抱かせる。自社の企業理念への共感も高評価。

当社の課題は何だと思いますか?

面接官が知りたいこと

- 企業への志望度の高さの度合い
- 業界研究や企業研究をしっかり行っているか

攻略法 回答の内容よりも、質問に対してどう答えるか、本当に当社に興味があるのか、ということに着目していると考えておきましょう。

回答の流れ ①課題の提示 》》》②状況への理解 》》》③課題解決の方法・入社意欲

アピールポイント **分析力**

十分な企業分析にもとづいて、企業の課題が何であるかについて明確にします。そのうえで、自分なりの考察や分析を行って課題の解決を提示、自己PRへとつなげます。

🎤 **keywords** 「推論」「リサーチ」「原因」「推しはかる」

アピールポイント **国際性**

企業研究から得た情報にもとづいた課題を提示します。自分の考察を述べ、国内外の企業が乱立する業界を取り巻く状況に対して、しっかりとアンテナを張っていることをアピールします。

🎤 **keywords** 「国外」「海外進出」「インターナショナル」「国外市場」
「海外展開」

これだと NG ▶ 課題に対する自分なりの解決策や考えが含まれていない。
▶ 課題についての説明に説得力が感じられない。

正解例 ▶ 新たなターゲット層を提案する

ターゲット年齢層の拡大ではないでしょうか。これまで御社の商品は若年層に向けて開発・ブランディングがなされてきたと思います。ただし、御社の商品の特徴を考慮すると、高齢者層にも受け入れられる余地は十分にあると考えます。大事なことは、SNSを活用したマーケティングだと思います。近年、60代のスマートフォンの普及率は約90%であるとの報道がありました。この層へ御社の商品を訴求することで、さらなるビジネス拡大に繋がると考えます。

面接官の評価 自社に対する企業研究をしっかりしていることがわかる。高齢者をターゲットにするというアイデアについても、論理的な説明ができている。

正解例 ▶ 国外の生産拠点の必要性を強調

国外の生産拠点の拡充ではないかと考えます。御社は国外売上比率が年々高まっておりますが、100%国内生産を続けておられます。しかし、為替変動リスクの軽減やサプライチェーン確保の面から考慮しても、一部海外での生産拠点も検討に値するのではないかと考えます。私は御社が販売に力を入れているASEAN地域に興味があり、留学生の友人も多いことから現地の文化も日々調べております。もし御社が東南アジアへ生産拠点を展開するのであれば、企画段階から参画してみたいです。

面接官の評価 自社についての研究をしっかりとしており、自分なりの課題解決を提示できている。

10年後はどうなって いたいですか?

面接官が知りたいこと

● 将来のことを考えて就活をしているか

● 会社のビジョンと就活生のビジョンとがマッチしているか

攻略法 ▶ 10年という期間は、短期ではなく中長期という意味 だと理解しておきましょう。会社のビジョンに寄り添って、自分 の将来を語ることが大切です。

回答の流れ ①10年後のビジョン ≫≫ ②理由づけ・ ≫≫ ③入社意欲・
を明示　　　　　　　エピソード　　　入社後の願望

アピールポイント **指導力**

企業で活躍している人の例をあげて、その人の成績や結果を塗り替えるよ うな活躍がしたいことをアピールします。エピソードでは、10年後には管 理職の立場を担える人材であることを伝えます。

🔑 keywords 「指導」「教育」「成長」「マネジメント」「統制」「律する」

アピールポイント **IT力**

自らの能力を活かして成長した10年後の自分の姿を伝えます。入社したら 企業が掲げる理念にもとづいて、会社を大きく成長させることに貢献でき るという姿勢を示します。

🔑 keywords 「メタバース」「プログラミング」「情報処理」「ネットワーク」
「VR」「NFT」

これだと NG ▶ 就活生のビジョンが感じられない。

▶ 企業の将来的な経営方針を研究していない。

---- **正解例** 部活動での指導力の実績をアピール

営業課長になっていたいです。御社の最短での営業課長就任は入社12年後とお聞きしております。私は営業部の同期でトップの成績を常に残し、営業課長就任の最短記録を塗り替えたいです。大学のサッカー部では、後輩の指導役を担ってきました。技術(アピール)が未熟な後輩が、指導により先輩の座を脅かすような存在になることは、私にとって最大の喜びであり、チームの底上げに欠かせないと思い取り組んできました。私は御社で管理職となって、御社の目指す「組織の総合力を高める」ための一翼を担いたいです。

面接官の評価　エピソードから管理職に適した特性を備えていることが推測できる。企業の求める人材とのマッチングも意識していて高評価。

---- **正解例** 新ジャンル参入で売上に貢献できることを提案

プロジェクトリーダーとして、ITを活用した新分野の開拓を行いたいです。特にメタバースは、今後ビジネスチャンスが期待でき、既存の御社のサービスとの融合で売上増加を目指せると考えます。私は大学の3年間でプログラミングを学び、仲間と(アピール)メタバースに関する知見を深めてきました。メタバース上での商品紹介などのサービス提供に参画した実績もあります。この経験を活かして、御社の「毎日が挑戦」という理念を胸に、まずはプロジェクトのメンバーに選ばれるよう実績を残したいです。

面接官の評価　会社の成長拡大に貢献してくれるかもしれないという期待を抱かせる。

学生時代に力を入れたことは何ですか?

面接官が知りたいこと

- 就活生が、どのようなことに意欲を見せるのか
- 物事への取り組み方と熱意はどの程度か

攻略法 いわゆる「ガクチカ」は、力を入れた経験の内容そのものや成果が大事なのではなく、どのように努力をしたのか、学びを得たのかを具体的にアピールすればよいのです。

回答の流れ ①力を入れた 》》 ②エピソード 》》 ③経験から学んだこと・
　　　　　　ことを明示　　　　　　　　　　　　成長したこと

アピールポイント **調整力**

力を入れたことを伝え、その出来事で大変だった点や問題となった点を示します。その経験からどのような能力が養われたのか、どんな学びがあったのか、どんな成長がもたらされたのかをアピールします。

🎤 keywords 「意見を聞く」「一致させる」「修正する」「合わせる」

アピールポイント **行動力**

力を入れたことについて、具体的な行動をともなったエピソードを詳細に伝えます。自分なりの考察もアピールしつつ、さらに成長することに貪欲な姿勢を示します。

🎤 keywords 「フットワーク」「俊敏」「足をつかう」「精力的に動く」「軽快」「躍動」

これだと NG ▶エピソードに主体的な行動が見られない。
▶力を入れた出来事からの成長がわからない。

---- 正解例 > 調整力を養ったエピソードをアピール

> 大学のサークル連合会の議長をしたことです。予算配分等の利害関係が異なるサークルのメンバーからなる組織ということもあり、その調整が主な仕事でした。議長としての強権を発揮するだけでは解決せず、それぞれの意見を時間をかけてしっかりと聞くという日々が数日続くこともありました。結果的に相反する問題を解決するには、立場の違う視点を常に持つことが重要であることがわかり、この経験からどんな物事であっても様々な角度から見る習慣がつきました。

面接官の
評価

ビジネスに直結する調整力を有する人物であることがわかる。組織の中で重用されるタイプであり、企業での評価も高くなる。

---- 正解例 > 実践的な環境問題への取り組みを強調

> 大学での講義を通して環境問題に関心を持ち、月に4回の河川清掃のボランティアに2年間参加し、身近な視点から環境問題に取り組んできました。現状を自分の目で把握することで、問題の深刻さを実感でき、社会全体としての取り組みが必要であることを痛感しました。活動に参加していないときも、書籍やネットで環境に関する現状や国や企業の取り組みを調べ、また環境に対して私たちが与えている負荷を軽減する手段についても学び、実践しています。

面接官の
評価

知識として学んだことを、ためらわず行動に移すことのできる人物だとわかる。

学生時代に最も思い出に残ったことは何ですか?

面接官が知りたいこと

- 物事にどんな考えや価値観で取り組んでいるか
- どういった行動をとる人物であるか

攻略法 「ガクチカ」よりも特定のシーンに絞り込んだ出来事を伝えることが求められ、さらに就活生自身の主体的な行動がともなう思い出である必要があります。

回答の流れ ①印象に残ったことを明示 》》 ②理由づけ・エピソード 》》 ③学びや成長したこと

アピールポイント **サポート力**

エピソードのシーンを伝え、そこでサポート力を表す行動をとり、その行動からどのような結果を生み出したのかを具体的に伝えます。最後は、その経験から得たこと、学んだことをアピールします。

🔑 keywords 「後押し」「助け」「力になる」「献身」「補助」「支援」

アピールポイント **対応力**

対応力を明白に表すエピソードを、具体的に伝えます。どのような事態になり、なぜそのような行動がとれたのかについて説明し、自分の対応力をアピールします。

🔑 keywords 「対策」「対処」「応じる」「アクション」「反応」「咄嗟(とっさ)に」「手を打つ」

これだとNG
- ▶ エピソードに就活生の行動や主体性が感じられない。
- ▶ エピソードから学びや成長が伝わってこない。

正解例 ▷ 誰かのためになったエピソードを伝える

フットサルサークルで行った学園祭のフットサル体験です。一般の人も参加できるイベントで、小さいお子さんがたくさん参加してくれました。中には参加を躊躇(ちゅうちょ)している子もいましたが、<u>声をかけて蹴り方やパスの仕方を教えてあげると、すぐにみな顔が生き生きとしてくるのがわかりました。</u>最後には保護者の方に手厚くお礼をいわれて、誰かのことを後押ししてあげることの大事さを再確認しました。以来、人の力になれることを常に意識しており、就職活動でも仕事選びの軸としています。

アピール

面接官の評価　誰かのためになることが、自分の喜びでもあるとする価値観を持っていることが、エピソードから伝わってくる。

正解例 ▷ 事前の準備で対応力を発揮したことをアピール

スーパーのアルバイトで人命救助に関わり本部から表彰されたことです。具合が悪そうなお客様が入店してきて、様子を見ていると突然、倒れ込む音がしたので駆けつけました。<u>息をしていない様子でしたので即座に119番通報をし、店内のAEDで緊急処置をはかりました。</u>応急処置が適切だったため、その後普通の生活ができるようになったと本人からもお礼の一報を受けました。対応できたのは事前に様々なリスク回避を想定していたためであり、今後この能力に磨きをかけていきたいです。

アピール

面接官の評価　事前に準備することで様々なことに対応するという、仕事で重要な考え方ができる人物だとわかる。

【 学生時代 】

部活・サークルは何ですか?

╱ 面接官が知りたいこと ╲

● 所属する部活・サークルと企業の社風とがマッチするか

● 組織の中でどういった役割をしていたか

攻略法 個人やチームの成績、成果が大事なのではなく、就活生自身が組織の中でどういった役割や行動をしてきたのかをアピールすることが大事です。

回答の流れ ①部活・サークルを明示 》》》②エピソード 》》》③学びや成長したこと・成果

アピールポイント 【 自己管理能力 】

部活動での活動を、数字を交えて具体的に伝えます。運動部などでは、就活生自身の成長をはっきりと示すために、記録や成績とともに、努力した内容などを盛り込むと、強く印象に残るアピールとなります。

🔑keywords 「目標設定」「スケジュール」「メニュー」「律する」「コントロール」

アピールポイント 【 企画力 】

チームで行ったオリジナルのアイデアを示し、どのような方法で進めてきたかについて具体的に伝えます。それにより、どのような結果が生まれたか、どんな点で成長したか、何を学んだかをアピールします。

🔑keywords 「アイデア」「提案」「実行」「目標」「立案」「オリジナル」
「プランニング」

**これだと
NG** ▶組織の中での就活生の行動や役割がわからない。
▶部活等に属していなければ、他の組織での活動でもよいが説明がない。

正解例 厳しく自分を管理していることをアピール

陸上部に所属し、長距離選手として後輩の指導にあたりつつ、3000 mを8分台で走ることを目標に、部活での練習に加えて就寝前に自分なりのメニューを作って実践しています。練習後なので、極限まで自分を追い込んでの自主練習になりますが、目標タイムへ近づくためにワクワクしながら鍛錬しています。そんな姿を見せて、後輩にもよい影響を与えたいと考えています。また、中学からの9年間の部活動を通じて、強い精神力と自己管理能力が養われたと自負しています。

面接官の評価 これまでの行動から自己を律して、しっかり管理できる人物であることがわかる。鍛錬を楽しむ心を持っていることも高評価。

正解例 オリジナリティに富んだ企画力を強調

料理研究サークルで副部長を務めています。料理をすることが大好きだったので入会し、副部長になった現在は私の提案により毎月、世界各国の料理に挑戦することを目標に活動しています。メンバーのモチベーションを高めるため、月に一度、地域住民を対象にした発表会をスタートさせ、アンケートをとって技術の向上に役立てています。今ではサークルとしての技術の高さが認められ、近隣飲食店から繁忙期の助っ人を依頼されるなど、料理を通じて地域社会とのつながりを強めています。

面接官の評価 ユニークな企画や発表会を起点として、地域社会との交流を積極的にはかっている点も評価が高い。

学生時代

ゼミは何ですか?

╲╲ 面接官が知りたいこと ╱╱

- ●ゼミでどんな学びをしているか
- ●専門分野を専門外の人にいかに説明できるか

攻略法 ゼミの学習内容を説明する際には、専門外の人にも伝わるような表現を意識しましょう。就活生がなぜそのゼミをとったのか、どのような学びや成長をしたのかを伝えることが重要です。

回答の流れ ①ゼミの内容を明示 》》》②エピソード 》》》③学んだこと・
企業での活用

アピールポイント **ゼミでの専門性** ------------

ゼミで学んでいる内容と、なぜそのゼミに所属したのかを明確にします。研究や学習でのエピソードも盛り込み、そこから得られた専門性や知識が企業でも活用できることをアピールします。

🎤 keywords 「ゼミでの研究内容」「専門性」「独自の考察」「事業での活用」

アピールポイント **柔軟性** ------------

ゼミで学習している内容と、なぜそのゼミに所属したのかも明確にし、エピソードを伝えます。ゼミの仲間とのやりとりや発表で、柔軟性を発揮した内容などもアピールします。

🎤 keywords 「臨機応変」「融通」「柔軟」「寛容」「流動的に」「柔らかい思考」
「しなやかさ」

**これだと
NG** ▶ゼミでの内容についての説明が専門的すぎる。
▶ゼミに属していなければ通常講義についてでもよいが説明していない。

正解例 **社会福祉の研究を企業でも活用できると主張**

国際社会福祉研究ゼミに所属しています。母が病気がちだった こともあり、国外の社会福祉の状況を知りたいと思ったのが動 機です。イギリスでは戦後から全国民が無料で医療サービスを 受けられます。一方、日本の健康保険制度では難病での負担も 大きく、なぜこのような違いがあるのかを歴史的背景を含めて 研究しています。国民負担や財政面からの考察も行っており、 御社で、その知識を主に従業員の福利厚生の分野で活用し、研 究で培った思考力を様々な業務で活かしたいと考えています。

 面接官の評価
主体的に研究に関わっていることがわかる。説明も わかりやすく、入社後に企業で知識を活用できるこ ともアピールできている。

正解例 **ゼミで培った柔軟な思考をアピール**

ゼミでは流通科学を研究しています。流通システムを科学的方 法を用いて研究するもので、人の生活を支える物流に興味があっ たことからこのゼミを選びました。ゼミ内では流通が抱える課 題の解決方法を、科学的データにもとづいて検討することがよ くあります。他のメンバーと意見が食い違うこともありますが、 自分の視点に固執しないことの大事さを学びました。そして、 多角的に問題を分析する力が養えたと考えています。ゼミで培っ た柔軟な思考を武器に、御社の様々な業務で活躍したいです。

 面接官の評価
仲間との討論の中で多角的な分析力を獲得し、柔軟 な思考ができる人物であることがわかる。

卒論のテーマは何ですか?

\\ 面接官が知りたいこと /

- 大学でどのような学びをしてきたか
- 企業で活かせる計画性や論理的な考えがあるか

攻略法 卒論のテーマに加えて、計画的かつ論理的に物事を進められる能力をアピールするため、どのようなスケジュールで、どのような研究・調査をするのかについてもアピールします。

回答の流れ ①卒論テーマを明示 》》》②進行やスケジュール 》》》③具体的な進め方等

アピールポイント **分析力**

卒論のテーマおよび内容について、専門的な用語などを極力省いて、一般的な人でもわかりやすいように伝えます。また、分析力が培われたことをアピールし、具体的な進め方やスケジュールなどについても伝えます。

keywords 「情報」「整理」「データ」「統計」「傾向」「問題解決」

アピールポイント **論理性**

卒論のテーマを述べて、そのテーマを選んだ理由を詳細に伝えます。また、その進め方についても論理的に伝えます。卒論での研究などを、社会的な場で活用できることについてもアピールします。

keywords 「アプローチ」「評価する」「整合性」「論理的思考」「推論」「筋道」

これだと NG
- ▶卒論の内容に関する説明が専門的すぎてわからない。
- ▶どのような進行で卒論を書き上げるのか伝えていない。

正解例 調査・分析に力を入れていることをアピール

私の卒論のテーマは、「デジタルマーケティングの影響」です。私は大学入学時から小規模なEコマースを友人らと行っており、デジタルマーケティングの戦略や効果に関心を持つようになりました。今年の秋までに調査を終了し、分析したうえで卒論を書き上げるつもりです。まだ調査の段階ではありますが、企業やデジタルマーケティングに関連する業界の関係者にアンケートを実施し、戦略の立案・実行過程、結果や効果の評価、成功要因を綿密に分析していく予定です。

面接官の評価　具体的な方法を説明しており、調査や分析を重視していることが伝わってくる。仕事でも、十分に活かすことのできる能力をアピールできている。

正解例 論理的に卒論を進めている点を強調

「食品ロスの現状と課題」です。ゼミで食品産業の経営学を学んでいることも理由の一つですが、飲食店でのアルバイトで大量の食品ロスが出ている現状を目の当たりにし、卒論のテーマにしようと考えました。アプローチとしては、事業系と家庭系の両面の実地でのデータ採取があります。そこから、どうしたら食品ロス削減につなげられるか評価していきたいと考えています。卒論が完成したら、知り合いの市議会議員の食品ロスに関する勉強会の資料としても役立ててもらう予定です。

面接官の評価　ゼミで学んでいることと、日常のアルバイトで感じた経験をうまくリンクさせてテーマを選んでいる。

Q アルバイトは何をしていましたか?

面接官が知りたいこと

- 仕事でどのような活躍をするか
- 仕事の継続力や成長しようとする意欲があるか

攻略法 エピソードで特性や人柄をアピールするとともに、どのような仕事への指向性があるのかを伝えます。アルバイトをしていないなら、目上の人と何かを行ったことを話します。

回答の流れ ①アルバイトを明示 》》》②エピソード 》》》③学びや成長したこと・成果

アピールポイント **創意工夫する姿勢**

アルバイトにおいて、自分の主体的な行動が現れていることを、エピソードとしてより具体的に伝えます。主体的に工夫した内容を盛り込み、その経験から得たことや学んだことをアピールします。

🎤 **keywords** 「改善」「改変」「改良」「創意」「考え出す」「よくする」

アピールポイント **ストレス耐性**

なかなか続かないような、厳しいアルバイト先での経験を乗り越えてきたことを伝えます。結果として、アルバイト先で認められ、自身のストレス耐性が高まったこともアピールします。

🎤 **keywords** 「忍耐」「逆境」「負荷」「我慢強さ」「継続」「ストレスに強い」「投げ出さない」

これだと NG
- ▶主体的な取り組みや行動が見えてこない。
- ▶アルバイトでの熱意や一生懸命さが伝わってこない。

| 1 | 6 | 2 | 8 | 4 | 4 | 5 |

新宿区新小川町 一・七

成美堂出版

愛読者係 行

❧ 愛読者カード ❧

◆本書をお買い上げくださいましてありがとうございます。

これから出版する本の参考にするため、裏面のアンケートにご協力ください。
ご返送いただいた方には、後ほど当社の図書目録を送らせて戴きます。
また、抽選により毎月20名の方に図書カードを贈呈いたします。当選の方への
発送をもって発表にかえさせていただきます。

ホームページ　http://www.seibidoshuppan.co.jp

＊お預かりした個人情報は、弊社が責任をもって管理し、上記目的以外では一切使用いたしません。

┌─ **お買い上げの本のタイトル（必ずご記入下さい）** ─────

└─────────────────────────────

●**本書を何でお知りになりましたか?**
　　□書店で見て　　　　□新聞広告で　　□人に勧められて
　　□当社ホームページで　□ネット書店で　　□図書目録で
　　□その他(　　　　　　　　　　　　　　　　)
●**本書をお買い上げになっていかがですか?**
　　□表紙がよい　□内容がよい　□見やすい　□価格が手頃
●**本書に対するご意見、ご感想をお聞かせください**

ご協力ありがとうございました。

お名前（フリガナ）		
	年齢　　　歳	男・女
	ご職業	
ご住所 〒		
図書目録（無料）を　　　　希望する□　　　　しない□		

正解例 創意工夫して仕事に取り組む姿勢をアピール

カラオケ店でアルバイトをしています。受付を主に担当していますが、利用システムがよくわからないといわれることが多く、お客様が帰ってしまうという経験もしました。以来、ご理解いただけるように、話すテンポにも気を遣い、手製のPOPを提示しながら丁寧に説明することを心がけています。そして、時折お客様に「ここまででわからない点はありませんか」と、確認するようにしています。アルバイトを通して、仕事では自分なりに工夫するのが大事であることを学んでいます。

面接官の評価　誰にいわれることなく、創意工夫しながら仕事に取り組める人物であることがよくわかる。

正解例 厳しさに耐えて成長したことをアピール

私は老舗レストランでホール係として3年間働いています。接客にとても厳しい店で、最初は先輩からしかられることも度々ありました。アルバイト仲間が辞めていく中、私はここで働くことで何かが得られると信じ、少しずつ接客技術を改善していきました。そして今では、アルバイトの指導役を任されるようになっています。この経験から、何事も簡単に投げ出さずに続けることで、得られるものが大きいことを痛感しています。御社に入社したら、どんな業務でも全力で取り組みます。

面接官の評価　社会で仕事をするのに適した考え方をする人物だとわかる。入社しても簡単に辞めないであろうことも推測できる。

今の学部を選んだ理由は何ですか?

＼ 面接官が知りたいこと ／

- ●企業の事業と関係があるかどうか
- ●目的意識を持って学部選択ができているか

攻略法 大学の学部選びにおいても明確な将来像を思い描き、目的意識を持って行動してきた人物であることをアピールします。職種や業種に直結しなければ、学びから得た特性を訴えます。

回答の流れ ①選んだ理由 ≫≫ ②学部での学びや経験 ≫≫ ③仕事での活用

アピールポイント **国際性**

学部選択の理由について、抱いていた将来像と合わせて述べ、学部で国際的な知見を深めていることを伝えます。最後に学部で学んだ国際性を業務で活用できる点をアピールします。

🎤 keywords 「グローバル」「海外赴任」「国際感覚」「英語力」

アピールポイント **研究力**

著名な研究者からの影響を伝え、大学で研究する力を確実に高めていることをアピールします。学部でどんなことを学んでいるのかについても、端的にわかりやすく伝えます。

🎤 keywords 「探究する」「データ分析」「データ採取」「研究制度」
「仮説検証サイクル」「PDCAを回す」

これだと NG
▶学部選びについて説得力のある説明ができていない。
▶目指す業界との乖離を合理的に説明できていない。

正解例 子供の頃からの国際志向を強調

グローバルなビジネスシーンで活躍したいと考えて、国際学部を選びました。子供の頃から、海外の文化や風習に強い興味を持っており、大学に入ってからは国際人としての教養と広い視野を養い、多様な視点から国際学についての学びを深めています。より現実的な国際感覚を身につけようと、学内の留学生と親密な関係を構築したり、街で出会った外国人に積極的に声をかけて親交をはかったりするようにしています。仕事でも、大学で磨いてきた国際感覚を役立てていきたいです。

面接官の評価：学部選びと、その先の就活の軸が一致している点をアピールできている。大学入学後も、自分の目指す道に向けて努力している姿勢がよくわかり高評価。

正解例 学部での学習が行動特性になったことを強調

ノーベル化学賞を受賞した吉野彰教授の講演で感銘を受け、新しい技術を生み出す研究者に憧れて理学部を選びました。環境負荷の少ないエネルギー開発に将来携わりたいと考え、バイオマスエネルギーに関する研究をしております。新しい技術を生み出すために、効率的なエネルギーを生み出す植物を探求し、実験を日々重ねています。実験を数多くこなす中で緻密な作業の精度が上がり、仮説を立てて検証するという工程が、研究以外でも自分の行動特性として身についたと考えています。

面接官の評価：学部での学習に加えて、自らが学部で身につけた行動特性について説得力のある説明ができている。

Q これまでの挫折経験を教えてください

面接官が知りたいこと

- 困難に直面したとき、どのように対処するか
- 挫折に向き合うだけの強さはあるか

攻略法 ▶ 挫折するような困難な状況でこそ、その人が持つ特性や能力が表れます。そのようなときでも、成長を遂げて、独力でリカバリーしたことを伝えるのが基本です。

回答の流れ ①挫折した出来事を明示 ≫≫ ②エピソード ≫≫ ③学びや成長したこと・成果

アピールポイント **克服力**

挫折した出来事を伝え、その挫折からどう自分が変わり、どう行動して乗り越えたのかを詳細にアピールします。その経験を通じて、何を学び・獲得したのかも示します。

🔑 keywords 「諦めない」「強い心」「タフ」「負けない」「くじけない」「這い上がる」

アピールポイント **問題解決力**

挫折した出来事から、どうやって回復し、どのような方法で乗り越えたのか、具体的な方法を示します。挫折を乗り越えたのちに、身についた習慣などもアピールします。

🔑 keywords 「分析」「対処」「克服」「課題」「目標」「トライ＆エラー」「ソリューション」

これだと NG
- ▶ 挫折からの学びや成長が盛り込まれていない。
- ▶ 挫折した内容があまり深刻でない。

正解例 レギュラーを奪い返した経験をアピール

高校のサッカー部でレギュラーを下級生にとられたことです。コーチからはシュートの精度の悪さが原因と指摘され、その日は夜も寝られないほどでしたが、翌日から朝の1時間の自主(アピール)練習でシュートの改善に取り組みました。有名選手が行っている練習方法も取り入れて、少しずつ前の日よりもうまくなっていることを実感しました。次第に試合に途中出場しても結果が出るようになり、レギュラーを取り戻すことができました。この経験から日々の絶え間ない改善の重要性を学びました。

面接官の評価

挫折を乗り越えて、そこから問題意識を持って自身を変えていった過程が、エピソードから伝わってくる。困難を乗り越えられる人物だとわかる。

正解例 問題を解決して志望校へ入学したことに言及

大学受験で志望校に落ちたことです。子供の頃から親とキャンパスに遊びに行くほど愛着のあった大学だったので、不合格だとわかったときは数日間家に閉じこもってしまいました。しかし、1年浪人することを決め、そこからは各科目のテーマを(アピール)エクセルに入力し、模擬テストなどの正答率から苦手テーマを洗い出しました。そこから判明した苦手なテーマを学び直し、翌春には志望校に合格できました。この挫折で、目標を達成するにはどうすればよいか考える習慣が身につきました。

面接官の評価

挫折を経ても、自分が設定した目標に向かって歩みを止めない特性であることがわかる。

学生時代に失敗したことを教えてください

- 失敗したときにどのような対応をするか
- 失敗から何を学んだか

攻略法 ▶ 失敗したことだけを述べるのではなく、必ず失敗から何を学び、どのように改善していったのかを具体的に答えるようにします。

回答の流れ ①失敗した出来事を明示 ≫≫ ②エピソード ≫≫ ③学びや成長したこと・成果

アピールポイント **リカバリー力**

失敗した出来事を伝え、その失敗からどう自分が変わり、どう行動したのかを伝えます。その経験を通じて、どのように成長を遂げたのかもアピールします。

🎤 keywords 「立ち直り」「回復」「見直す」「挽回」

アピールポイント **準備力**

失敗したことの原因も含めて説明し、その点を改善して準備力を自分の強みとしていることをアピールします。失敗をしっかりと自分の責任下でカバーしていることも伝えます。

🎤 keywords 「準備」「手配する」「克服」「段取りをする」「整える」「アレンジする」

これだと NG
▶ 失敗から学んだことについてが述べられていない。
▶ 具体的なエピソードが盛り込まれていない。

---- 正解例 ▶ **失敗から知識を向上させたことをアピール**

> アルバイト先のホームセンターで、お客様の質問を受けて対応する機会がありました。本来、金属同士をくっつける接着剤をお望みだったのですが、私の商品知識のなさから違う商品をお薦めしてしまいました。あとでお客様からサービスセンターにクレームの電話があり、商品交換に応じたと聞き、自分のいたらなさを思い知らされました。それ以来、<u>自分の持ち場の商品については時間のある限り勉強し、自分でも実際に使用して、お客様に正確で有益な情報を知らせることを徹底しています。</u>（アピール）

面接官の評価
> リカバリーできる能力は、仕事をするうえで必要な素養である。また、仕事で自らを高めていける人物だとわかる。

---- 正解例 ▶ **失敗から身につけた準備力をアピール**

> 学園祭の実行委員でタレントを呼ぶ渉外担当をしていましたが、出演依頼していたタレントが急遽キャンセルになってしまう事態に直面しました。先輩からは代替案も準備しておくよういわれていましたが、忙しさから手間を惜しんでしていませんでした。すぐに会議で対応策を検討し、私が芸能事務所に足を運んで別のタレントの出演依頼をとりつけました。（アピール）<u>この失敗を機にリスク回避を常に考えるようになり、どんなことでも万全の準備をし、不測の事態の発生に備えるようになりました。</u>

面接官の評価
> 準備不足という失敗を経て、準備力を自らの強みとした点は評価に値する。

リーダーシップをとったことを教えてください

面接官が知りたいこと

- 企業に貢献できる思考力や行動力があるか
- 入社後に組織の中で活躍できる人材か

攻略法 仲間に働きかけ、組織のパフォーマンスを高めることができたエピソードを伝えます。必ずしも、役職としてリーダーという立場でなくてもよいのです。

回答の流れ ①リーダーシップをとった出来事を明示 》》②エピソード 》》③学びや成長したこと・成果

アピールポイント **問題解決力**

リーダーシップをとった出来事について、問題となった点やその解決法、対処法を具体的に伝えます。そこから得た自分の学びについて、最後にアピールします。

🔑 keywords 「分析」「対処」「克服」「課題」「トライ＆エラー」「ソリューション」

アピールポイント **導く力**

問題となった出来事について述べ、どのような行動によって事態を変えたのかについて詳細に伝えます。その経験で自分がどう変わったかについても伝えます。

🔑 keywords 「提案」「導く」「リード」「舵取り」「方向性」「働きかける」「アドバイス」

これだと
NG

▶主体的にリーダーシップをとった内容ではない。

▶複数の人で物事を進めた話でもよいが、それもない。

正解例　組織の束ね方を学んだ点についてアピール

大学のテニスサークルの代表として、課題だった事案を一つずつ解消してきました。一番の課題は、練習に参加しないメンバーが多いことでした。*（アピール）* 参加率を高めるため、個別に話し合い、役職や業務を引き受けてもらうことで責任感を持たせました。また、チームで参加する大会を増やすことで、練習への意欲を高めました。この経験から、周りの人を巻き込むには自分が率先して動きつつ、積極的に組織にコミットしてもらうのが重要だと痛感しました。

面接官の評価

リーダーとして人を巻き込むための方法を理解している。将来、自社の幹部としての活躍も期待できる。

正解例　独自の提案で組織を導いたエピソードを示す

学園祭で模擬店を出すことになったのですが、何日も意見がまとまりませんでした。誰しもが諦めムードの中、*（アピール）* 私はみんながやってきたアルバイトを集計し、多かった業態で出してみては、という提案をしました。集計するとカフェとコンビニが同じ数で、これを混ぜ合わせた業態でやろうと議論も活発になり、売上でも校内3位になりました。提案で組織全員を同じ方向に導くことのできた経験をし、以降リーダーシップに関するビジネス書を愛読し、主体的に提案をするようになりました。

面接官の評価

各々の持つ経験や知識を活用するための、合理的で有効な提案ができている。リーダーシップへの興味を深めている点も評価に値する。

あなたの長所を
教えてください①

／ 面接官が知りたいこと ＼

● 企業で活かせる特性を持っているか

● 企業の理念・社風に特性が合っているか

攻略法 入社したあとの姿を、面接官がイメージしやすくなるように、企業の仕事の中でどのように自分の長所を活かしていくのかもしっかりと伝えます。

回答の流れ ①長所を明示 》》》 ②エピソード 》》》 ③企業での長所の活用

アピールポイント **論理性** -

まず長所を伝え、その長所をどのように生活の中で活用しているのかをアピールします。その結果、何かしらの成果が表れて、長所が仕事でも活用できることを伝えます。

🔑 **keywords** 「分析」「筋の通った」「一貫」「問題解決」「ロジック」
「ロジカルシンキング」

アピールポイント **強靭さ** -

スポーツで心身ともに鍛え上げて、強さを身につけていることをアピールします。数字などの裏付けを用いて、スポーツに対して本気で取り組んできたことを示すとともに、企業でこの長所を活かしたいことを伝えます。

🔑 **keywords** 「強さ」「体力」「身体能力」「無尽蔵」「負けない」「フィジカル」
「挑戦」「不屈の」

これだと
NG ▶ 長所の内容が弱すぎて伝わってこない。

▶ 複数の長所を盛り込みすぎて印象に残らない。

正解例 本との出会いで身につけた長所を示す

物事を論理的に考えることです。以前は思いついたら後先考えずに行動していましたが、高2のときに『問題解決の○○』という本との出会いで論理的思考の重要性に気づかされ、以来実践しています。大学受験でも目標に到達するまでの方法を考えて行動し、目標までの到達度を定期的に数値化して確認するという問題解決法を取り入れました。その結果、当初は無理といわれていた大学に入学することができました。御社でもこの論理的思考を企画営業という職務で活かして、貢献したいです。

面接官の評価

長所を大学受験の準備という実際の行動に活かしていることより、入社してからもその強みを仕事で活かしてくれることが想像できる。

正解例 持ち前の体力で残した華々しい成績を示す

私の長所は小学校3年から続けている水泳で鍛えた体力です。幼い頃の私は病弱で、見かけもほっそりしていたため、身体能力にはコンプレックスがありましたが、母がスイミングスクールに通わせてくれるようになってから少しずつ体力をつけ、現在に至ります。高校の県大会では200mの自由形で表彰台に上がり、昨年は未知の世界に挑戦したくてトライアスロンの大会に出場し、トップ10に入る成績を残しました。この無尽蔵の体力と困難を乗り越える精神力で御社に貢献したいです。

面接官の評価

強靱な体力と精神力で、仕事でも少々のことではめげない強さを感じさせる。

あなたの長所を
教えてください②

\\\ 面接官が知りたいこと ///

● 企業で活かせる特性を持っているか

● 企業の理念・社風に特性が合っているか

攻略法 ▶ エピソードは、長所がしっかりと表れている経験等を選ぶようにします。そして、できるだけ面接官の印象に強く残るように表現します。

回答の流れ ①長所を明示 ⟫⟫ ②エピソード ⟫⟫ ③企業での長所の活用

アピールポイント **適応力**

長所を伝え、過去のエピソードからその長所がどう発揮されたかについて、具体的に伝えます。長所である適応力がどう活かされて、いかに仕事でも役立つかを伝えます。

🔑 keywords 「適合」「順応」「即応」「対応」「臨機応変」「フレキシブル」

アピールポイント **遂行力**

長所を伝え、その長所がどのようなシーンで活かされたのかを伝えます。例えば資格取得であれば、どのくらいの期間で、どのような方法で学んだのかについても具体的に示します。

🔑 keywords 「目的」「成し遂げる」「完遂」「計画」「やりきる」「達成する」
「目標設定」

**これだと
NG** ▶長所とエピソードに内容面での乖離がある。
▶一般的には長所ととられないような特性をあげている。

---- 正解例 新しい環境にすぐ馴染める点をアピール

臨機応変な適応力です。父が転勤の多い仕事だったため、小中学生の9年間に4回転校しました。その都度、新しい環境に馴染むために適応力が身についたのではないかと考えています。新しい環境で生きていくには、自分を主張するとともに、周りの空気を敏感に感じ取ることが重要です。中学で転校した際もすぐにクラスに馴染み、翌年には学級委員長も務めるほど、すっかり適応することができました。私の適応力をもって、御社で様々な業務に対応していきたいと考えております。

面接官の評価：どんな環境でも適応できる能力は、社会人として大事なこと。仕事でも様々な業務に対応できる人物だと推測できる。

---- 正解例 難関資格を短期間で取得した経験を述べる

私の強みは遂行力です。アルバイト先の不動産会社で、宅地建物取引士の資格の取得を勧められたことがありました。会社としては、もう1人資格取得者が急遽必要だったこともあり、3か月後の試験を目標に学習を開始しました。往復の通学時間や昼休憩、寝る前などあらゆるスキマ時間を試験対策の学習にあて、合格することができました。不動産会社の社員からも驚かれたこの遂行力を活かして御社の業務に取り組み、部署でナンバー1の営業成績を3年以内に残すつもりです。

面接官の評価：難関資格を取得した遂行力を活かして、会社にしっかり貢献してくれることを期待させる。

あなたの短所を教えてください

面接官が知りたいこと

● 自己分析で短所をきちんと把握できているか

● 企業の理念・社風に合わない短所を持っていないか

攻略法 自分の長所と短所との一貫性を持たせることを考慮し、企業の求める人物像とあまりにもミスマッチな短所は避けるようにしましょう。

回答の流れ ①短所を明示 》》》 ②エピソード 》》》 ③短所の克服

アピールポイント **集中力**

自己分析から導き出された短所をまずは伝えます。その短所にともなうエピソードを詳しく伝え、短所は克服しつつあり、どのように改善しているかについてもアピールします。

keywords 「集中」「没頭」「一心不乱」「周囲」「専念」「必死」

アピールポイント **積極性**

短所とともに、短所を改善しているエピソードを伝えます。自分をアピールする機会の多い就職活動を通じて、短所である消極的な性格は克服に向かっていることをアピールします。

keywords 「発言」「さらけ出す」「目立つ」「アピール」「自発的」「アグレッシブ」

これだと NG ▶短所を克服した内容が含まれていない。

▶企業の社風や業務にそぐわない短所を掲げている。

正解例　没頭しすぎる点を改善しているとアピール

一つのことに集中すると、周囲が見えなくなってしまう点が私の短所です。大学の剣道部では、間近に迫った大会に備えて自分の練習に没頭し、後輩の指導をおろそかにしてしまったことがありました。指導いただいている師範からその点を注意され、自分のことばかり考えていたことを反省しました。ときには集中力をうまく活用できるシーンもありますが、<u>社会の中で物事を進める際には、周囲の状況を考えなければならない局面が多いので、この一件以来、状況に応じて俯瞰して物事をとらえるようにしています。</u>

 面接官の評価

短所をしっかりと改善していることが表現されており、仕事でも自己修正できる人物だとわかる。

正解例　消極的な性格を克服しつつあることを強調

遠慮しがちで引っ込み思案のところです。できれば目立ちたくないと思いながら小中高と過ごしてきました。しかし、大学のオリエンテーションで1泊2日の合宿があったのですが、レクリエーションで芸を披露する機会があり、思い切って芸能人のモノマネをしたところとても好評で、これを機に大学に入ってからは引っ込み思案が少し改善しました。<u>就職活動では自分をアピールする機会も多く、さらに自分を積極的にさらけ出して発言するのに抵抗を感じなくなってきています。</u>

 面接官の評価

大学以降、消極的な性格が改善されつつあり、現状では積極的な姿勢を見せていることがわかる。

長所・短所

あなたの性格について
教えてください

面接官が知りたいこと

- ●企業で活躍できる性格かどうか
- ●どの部署への配属が向いているか

攻略法 企業で活躍している社員の特性や職場の雰囲気、顧客との関係などから、企業が就活生に求めている特性のイメージは必ずあるので、それとマッチしている点を訴えます。

回答の流れ ①性格を明示 》》》②エピソードでの裏付け 》》》③企業での活用

アピールポイント **実直さ**

企業分析にもとづいて、企業の求める人物像に沿った性格と、その性格を示すエピソードを伝えます。

🔑 keywords 「誠実」「真面目」「真剣さ」「地道に」

アピールポイント **ストレス耐性**

どんな仕事でも耐えられることをアピールし、ストレス耐性を示す詳細なエピソードを伝えます。また、第三者からの評価も交えます。

🔑 keywords 「継続性」「粘り強さ」「我慢」「しぶとさ」

アピールポイント **責任感**

企業にマッチする責任感が強い特性を伝えて、その責任感を具体的なエピソードで説明します。

🔑 keywords 「やり遂げる」「リーダーシップ」「使命感」

**これだと
NG** ▶就活生の性格と企業の求める人物像がマッチしていない。
▶マイナスなイメージを与える性格を伝えている。

正解例 ▶ 地道な努力ができることをアピール

実直さです。祖父に子供の頃によくいわれていたのが「実直であれ」という言葉でずっと肝に銘じてきました。中学から野球部に入り、練習に使う道具の出し入れや手入れ、グラウンド整備を率先してやり続けることを決心し、継続しています。

面接官の評価　組織では絶対に必要な、裏方に回って仕事を果たすことのできる人物だとわかる。

正解例 ▶ 失敗にもめげないストレス耐性を強調

くよくよしない性格です。嫌なことやつらいことがあっても、次の日にはリセットできます。アルバイト先で接客に厳しいお客様から私へのクレームがあった際も、翌日にはそのお客様に笑顔で対応でき、店長からも感心されました。

面接官の評価　少々の困難にも、心が折れずに継続することができる精神面の強さを感じさせる。

正解例 ▶ 行動力をともなう責任感を主張

責任感が強いです。テニスサークルの代表をしていますが、毎月の練習場所の確保は最大の仕事であり、時期によっては自治体の窓口などに足を運んで交渉しています。

面接官の評価　自分で行動するタイプであり、責任感を持って何かを成し遂げられる人物であることがわかる。

Q あなたは周囲からどんな人だと いわれますか?

面接官が知りたいこと

- 第三者から見た就活生はどのように見えるか
- 客観的に自分のことを把握できているか

攻略法 アピールする人物像と、家族や友人、知人といった周囲の評価に相違がないかを確認する意味もあるので、矛盾が生じないようにしましょう。

回答の流れ ①周囲の意見を明示 ≫≫ ②エピソード ≫≫ ③入社意欲

アピールポイント **社交性**

周囲の人からいわれたことのある特性について伝えます。根拠となるようなエピソードを詳細に話し、特性を企業においても活用できることをアピールします。

🔑 keywords 「仲良くなる」「話し好き」「友好的」「人付き合い」「交際」 「コミュニケーション」

アピールポイント **傾聴力**

周囲の人からよくいわれる特性について伝えます。特性である聞き上手であることを示すエピソードを話し、自分でも意識的に人の話を聞くことを重視していることをアピールします。

🔑 keywords 「聞き上手」「相談」「アドバイス」「聞く力」「寄り添う」「相槌」

これだと NG
- ▶周囲からいわれていることと自分の特性がまったく違う。
- ▶周囲からいわれていることがマイナスの特性である。

正解例 誰とでもすぐに仲良くなれる特性を強調

私は周りからよく社交的だといわれます。初めて会うような人でも、自分から積極的に話しかけ、すぐに仲良くなれるからだと思います。友人らと飲みに行った際、外国人相手でも身振り手振りでコミュニケーションをはかり、最後はハグするような仲になったのを見て友人らは驚いていました。休日は1人でいることはなく、家に人を招いて手料理を振る舞うのも大好きです。御社に入社できた際は、社交性を活かして営業職に就き、新規顧客獲得で貢献したいと考えています。

面接官の評価　社交的な特性は、営業職では大きな武器であり、エピソードなどからも会社に十分貢献してくれる素養の持ち主であることが推測できる。

正解例 強く意識している傾聴力をアピール

友人らからは聞き上手だとよくいわれます。学業や人間関係のことなどで相談されることが多く、そんなときはとにかく相手のいうことをよく聞いてあげ、私なりの明解な答えは提示しないようにしています。そして、自らで答えに行きつくよう、導き役としてアドバイスすることを意識しています。アルバイト先のケーキ屋さんの店長からも、商品のラインナップなど仕事上の悩みを相談されることも多く、最後に「君は何か話しやすいよね」といつもいわれています。

面接官の評価　傾聴力はビジネスで重視されている能力。この特性をエピソードを通じてうまくアピールできている。

Q

趣味・特技

趣味を教えてください

╲‖ 面接官が知りたいこと ╱‖

- ●熱中することが何であるか
- ●物事にどのようなモチベーションで取り組むか

攻略法 どんな趣味を持っているかということよりも、どのように回答するかが問われる質問です。趣味でも本気で打ち込んでいることを伝えるのが正解です。

回答の流れ ①趣味を明示 》》》②エピソード 》》》③趣味での展望・向上への意欲

アピールポイント **向上心** - - - - - - - - - - - - - - - - - -

自分の趣味を伝え、向上心を示すエピソードを具体的に話します。向上心を伝えるためにも、目標とする数字などを提示することで、どんなことでも熱意を持って取り組める人物だとアピールできます。

🔑 **keywords** 「目標」「ハードル」「成長」「レベルアップ」「努力」「クリア」

アピールポイント **探究心** - - - - - - - - - - - - - - - - - -

趣味を伝えて、なぜその趣味が好きなのか、どのような取り組み方をしているのかを伝えます。好きなもの以外にも、時間を費やすことのできる探究心もアピールします。

🔑 **keywords** 「興味」「調べる」「喜び」「知的欲求」「好奇心」「研究」
「ワクワク」「知識を吸収する」

**これだと
NG** ▶趣味に対する熱意が感じられない。
▶趣味から価値観や人となりが伝わってこない。

---- **正解例** 目標のベンチプレス100kgの達成をアピール

筋トレを2年間続けています。軽い気持ちで市の体育館のトレーニング室に行ったのですが、そこに通う年齢の様々な筋トレの先輩たちと交流を深めていく中で、だんだんとより重いウェイトを上げたいという欲が出てきました。現在およそ週3のペースで通っており、ただ筋肉をつけるだけでなく、技術が必要なことも教えてもらい、当面の大きな目標だったベンチプレス100kgを先日クリアすることができました。今後も目標をさらに高めていきたいと考えています。

 面接官の評価　目標を設定して、そこに向かって努力する姿勢が見て取れる。まだ上の目標を目指すということからも、向上心の強い人物だとわかる。

---- **正解例** 年間100冊の読書量を強調

読書です。母の影響で子供の頃から、毎年100冊以上は読んでいます。よく読むジャンルは小説で、村上春樹さんの作品はすべて10回以上読んでいます。村上春樹さんの世界観や個性的な登場人物、言葉の表現が好きで10年来のファンです。ただし、若い頃は乱読にも意味があるという中学時代の国語の恩師の言葉にしたがい、ドキュメンタリーや歴史物、政治・経済など様々な分野の本も興味を持って読んでおり、知的欲求を満たすとともに、知識の点と点がつながる過程を楽しんでいます。

 面接官の評価　貪欲に知識を取り入れている姿勢は、仕事にも探究心を持って取り組むであろうことを期待させる。

特技は何ですか？

面接官が知りたいこと

- 人柄はどんなものか
- 気軽な会話がスムーズにできるか

攻略法 特技から、興味の対象を知るための質問。自分のことをより知ってもらえるよう、大切にしている価値観や特性なども一緒に伝えます。

回答の流れ ①特技を明示 》》》 ②背景やエピソード 》》》 ③企業での活用

アピールポイント **語学力**

特技を伝えて、どのような経緯でその特技を始めたのか、どのような熱意やエネルギーを持って取り組んでいるのかを示します。

🔑 keywords 「英語」「韓国語」「中国語」「継続」「資格」

アピールポイント **独自性**

特技を伝え、その特技をどのようなシーンで活かしているか、エピソードに盛り込みます。また、人と異なる視点を持っていることも伝えます。

🔑 keywords 「オリジナリティ」「ユニーク」「テクニック」

アピールポイント **追求力**

特技を伝え、その特技をどう追求しているのかについて伝え、物事を極める能力がある点をアピールします。

🔑 keywords 「探求」「続ける」「関心」「興味」

これだと NG ▶ 特技から人柄が見えてこない。
▶ 特技に対する熱意が見られない。

正解例　実践的な語学力追求をアピール

韓国語です。大学生になってからドラマや歌手などの韓国文化に興味を持ち、独学で勉強を始めました。韓国語での会話も少しできるようになった頃、より実践的な会話力を身につけるため、コリアンタウンの飲食店でアルバイトを始めました。

面接官の評価　語学の能力を高めるため、飲食業でのアルバイトを始めたという話から行動力があることがわかる。

正解例　独自の整理整頓のテクニックをアピール

整理整頓です。自分の部屋はもちろん、気心の知れた友人の部屋に行っても整えています。100円ショップのケースを活用した整理整頓のための独自のテクニックを多数身につけており、限られたスペースで美観を保って収納するのが得意です。

面接官の評価　特技に自分なりの方法も盛り込み、独自性を大切にしていることがわかる。

正解例　突出した書道の腕前を強調

書道です。小学生から始めて、今では師範の資格を取得しています。大学の学祭では書道のパフォーマンスを3年間続けており、好評を得ました。毎日、朝1時間の書道が日課です。

面接官の評価　師範認定に加えて、パフォーマンスも披露している点などから、物事を追求する姿勢が感じられる。

持っている資格について
教えてください

╲╲ 面接官が知りたいこと ╱╱

- ●資格を企業でどう活かせるか
- ●資格をどのように取得したか

攻略法 ▶ すでに取得している、今学習中である、または今後とりたいと考えている資格を伝えます。どのようなモチベーションや方法でとったかも詳細に伝えます。

回答の流れ ①資格を明示 ⋙ ②エピソード ⋙ ③仕事・企業での活用

アピールポイント **計画性**

取得した資格をあげ、なぜ取得しようと思ったのか、どのような方法で取得したのかを伝えます。企業に入社したら、どのようにその資格や知識を活用できるのかもアピールします。

🔑 keywords 「目標」「管理」「時間」「スケジュール」「実行」「状況把握」

アピールポイント **チャレンジ精神**

取得している資格について伝え、なぜ取得しようと思ったのか、取得のためにどのような準備をしたのか、具体的にアピールします。まだ取得できていない場合でも、取得の意欲を伝えます。

🔑 keywords 「トライ」「挑む」「立ち向かう」「成し遂げる」「難関」
「取り組む」

これだと
NG
▶ 資格取得の熱意や、やる気が感じられない。
▶ 資格がなければ代わりに学業でのアピールをすべきだが、それがない。

正解例 企業で役立つ資格取得をアピール

　２級販売士を取得しています。大学入学時からアパレル店でアルバイトをしており、販売業の楽しみを知りました。卒業後も御社のような全国展開している店舗で働きたいと考えるようになり、資格を取得することを決めました。独学での取得ですが、学業とアルバイトの空いている時間を見つけて毎日１時間学習することを目標とし、学習状況も細かく管理することにより３か月で取得できました。実践的な知識だと思いますので、御社に入社したらすぐに店舗で活用していきたいです。

面接官の評価

卒業後を考えて実際に行動を起こしている点は高評価。志望企業で使用できる資格をあげることで、志望度の高さもアピールできている。

正解例 難関資格へのチャレンジを強調

　商学部での知識をさらに発展させたいと思い、公認会計士試験にトライし、短答式には合格しました。予備校の通信教育で、平日は１日３時間、休日は８時間ほどを学習時間にあてています。直近の試験で、まだ論文式試験はクリアできていませんが、子供の頃から難しいチャレンジほど燃えるタイプですので、今後もさらに学習に力を入れ、在学中に取得したいと思います。難関ともいわれるこの資格を取得し、御社で活躍したいと考えております。

面接官の評価

困難な資格に時間をかけてチャレンジできる人物だとわかる。取得状況の説明で本気度が示せている。

関心のあることを教えてください

∴゙ 面接官が知りたいこと ∴゙

- ●社会に対して日頃から関心を持っているか
- ●価値観がどのようなものであるか

攻略法 関心のある内容について説明するだけではなく、その関心のある内容を自分がどう感じたか、どういった行動をしたのか回答します。

回答の流れ ①関心事を明示 ≫≫ ②エピソード ≫≫ ③企業との関連性・自身の意見

アピールポイント **行動力**

関心のあることを伝え、なぜ関心があるのか、どのような内容なのかを自分の言葉として述べる必要があります。そのうえで関心だけにとどまらず、行動を起こしている点をアピールし、企業の事業との関連性を述べます。

🎤 keywords 「参加する」「俊敏」「足をつかう」「精力的に動く」「軽快」

アピールポイント **考察力**

関心のあることを伝え、なぜそのことに関心を持ったのか、関心を持ったことで、どのような行動をし、どのような意見を持つに至ったのかを、論理的に説明します。

🎤 keywords 「研究」「論理的に」「論考」「熟考」「よく考える」
「思慮深い」

これだと NG ▶関心のあることが社会的でない事柄である。
▶関心のあることに対する興味の度合いが低すぎる。

146

企業のSDGsの取り組みに関心を持っています。ある食品メーカーが、SDGsについて学ぶ出張授業を行ったと知りました。同社の空き容器を文房具にリサイクルするワークショップを組み合わせた内容で、将来世代の子供たちにSDGsの大切さを伝える取り組みです。これをきっかけに、<u>私もボランティアで児童館のイベントに参加し、子供たちと牛乳パックで手漉き和紙を作る体験を行い、SDGsへの関心を高めてもらいました</u>。御社が同業他社の中でも特にSDGsに注力している点に魅力を感じます。

（アピール）

面接官の評価

どんな業種であっても環境対策は経営活動に大きな影響を与えるテーマであり、この点にアンテナを向けていることは評価できる。

正解例 関心事への深い考察をアピール

食料価格の高騰です。週に2回スーパーへ食材の買い物に行くのですが、使うお金が従来より20〜30%増になって驚いています。理由を調べると、<u>戦争や国際政治、エネルギー資源の高騰などの要因が見えてきました。また円安など、国際経済的な背景も浮かび上がってきました</u>。食料高騰局面を打破し、国民の最低限の生活を保障するためにも、日本の食料自給率の上昇が喫緊の課題ではないかと考えています。今後も、国内外の政治や経済についてさらに関心を持たなければならないと痛感しています。

（アピール）

面接官の評価

広い視野で物事をとらえている。深く探究する力があり、よく勉強していることがわかる。

関心事

興味を持っている人物について教えてください

\\\ **面接官が知りたいこと** ///

● 価値観や興味の対象はどのようなものか

● 人物への興味に対する論理的な説明ができるか

攻略法 ▶ 自分の価値観や考え方と一致する人物を伝えます。必ずしも有名な人物である必要はありません。家族や知人といった身近な人でもよいでしょう。

回答の流れ ①人物を明示 》》》②理由・エピソード 》》》③企業との関連性・自身の意見

アピールポイント **自身の価値観** - - - - - - - - - - - - - - -

興味を持っている人物をあげ、なぜその人に対して興味があるのか、どんなエピソードがあるのかについて、論理的に伝える必要があります。その人物と、自分の価値観や考え方とが一致していることが重要です。

🔑 keywords 「憧れ」「学んでいる」「自身の哲学」「尊敬する」

アピールポイント **柔軟な発想力** - - - - - - - - - - - - - - -

興味を持っている人物をあげ、その理由を述べます。出来事などがともなうならば、それについての意見や感想を伝えることで自分の視点をアピールします。最後にその人物から学んだことを伝えます。

🔑 keywords 「臨機応変」「融通」「柔軟」「寛容」「流動的に」「柔らかい思考」「しなやかさ」

これだと NG ▶ 興味の対象となる人物の魅力が伝えきれていない。

▶ 社会で模範となるような人物ではない。

正解例 ▶ スーパー社会人になりたいとアピール

アルバイト先の居酒屋の社員の方です。仕事が丁寧で、素晴らしい接客態度は店でナンバー1です。アルバイトの面倒見もよく、私も接客をその方から学びました。あるとき、泥酔しているお客様のオーダー時に機嫌を損ねてしまいました。私が対応に戸惑っていると、その社員の方がスーパーマンのように現れ、うまく場を鎮めてくれました。<u>私は、その社員の方の後ろ姿を見て日々学んでおり、ゆくゆくはこの方のような常に周囲に気を配れるようなスーパー社会人になりたいと考えております。</u>

面接官の評価　その人の持つスキルや特性を尊敬しているのがわかる。最後の言葉から、仕事のできる社会人になるという意気込みが強く感じられる。

正解例 ▶ 大胆な経営判断への関心を主張

トヨタ自動車の元社長の豊田章男氏です。創業家出身の当時の社長が自分を「古い人間」と称し、53歳の若い人に社長を委ねたことに衝撃を受けました。あれだけの功績者であれば、地位にこだわる人も多いでしょうが、それでも新しいステージに会社を導いてくれるであろう若い人材を起用する柔軟さに、トヨタ自動車の強さの源流を見た気がします。<u>私も常に柔軟な発想力を意識しており、あらゆる行動の基本としてきました。</u>入社してもこの柔軟性を伸ばし、会社に新しい風を吹かせたいです。

面接官の評価　企業人なら興味の高い人物に着目しているのは高評価。自分への影響も伝えており、好感が持てる。

関心事

これまでで嬉しかったことは何ですか?

面接官が知りたいこと

- どのようなことに喜びを感じるのか
- どのような価値観を持っているのか

攻略法 価値観を知ってもらうために、嬉しかった出来事だけでなく、そのとき自分がどう感じたのかについても伝える必要があります。

回答の流れ ①嬉しかったことを明示 ≫≫ ②エピソード ≫≫ ③入社後の抱負・成長したこと

アピールポイント **ホスピタリティ**

嬉しかった出来事を、エピソードとともに具体的に伝えます。その出来事をどう感じて嬉しかったのか、そこからどのような成長や結果が得られたのかについてもアピールします。

🔑 keywords 「おもてなし」「気遣い」「奉仕」「喜び」「サービス」「歓待」

アピールポイント **サポート力**

嬉しかったことを伝えます。詳細なエピソードとともに、人のために全力で取り組むことができるという特性・価値観をアピールします。結果として、どのような成果があったのかについても話します。

🔑 keywords 「支える」「支援」「助け」「縁の下の力持ち」「努力」
「力になる」

これだと NG
- ▶就活生の価値観や考え方が伝わってこない。
- ▶嬉しさの伝わってくる内容ではない。

正解例 サプライズ誕生会でのもてなしをアピール

友人の誕生会をサプライズで開催したとき、その友人が感動してくれたことです。仲のよいグループ5人で1週間前から準備し、私の部屋に飾りつけをして料理やケーキも手作りで準備しました。喜んでもらえるよう友人の性格をよく考え、段取りや演出も私が念入りにプロデュースし、当日その友人に黙って私の部屋に来てもらいました。友人が感動するのを見て、私たちも感動し、友情をさらに深められたと感じています。社会人になっても誰かが喜ぶ顔を思い描きながら仕事をしていきたいと考えています。

面接官の評価 相手を思いやる気持ちの強い人物だということがよくわかる。プロデュース力も持っていることがうかがえる。

正解例 目的達成のために全力でサポートしたことを表現

個別指導塾のアルバイトで中学生を計5人担当しており、彼ら全員が志望校に合格したことです。5人とも志望校に進むには学力が不足しており、各々苦手な科目への対策面で課題がありました。そこで、個別にカリキュラムを作成し、問題も理解度に応じて自作し、徹底的に苦手の対策を促すことに努めました。LINEで常時、生徒の質問を受けるなど全力のサポート態勢をとり、模試でも成果が出てきて最終的には全員合格することができ、保護者の方からも感謝のお言葉をいただきました。

面接官の評価 責任感を持って全力で職務にあたれる人物であり、入社してからも苦労を厭わないことが推測できる。

【金融】なぜ金融業の中で銀行を志望するのですか?

面接官が知りたいこと

- ●銀行への入社意欲は本物であるか
- ●業界研究をして銀行の特徴を理解できているか

攻略法▶ 銀行を志望するのであれば、なぜ銀行を志望するのか、なぜ証券会社や保険会社ではないのか、その理由を明確にしておかなければなりません。

回答の流れ ①理由を明示 》》》②エピソード・業界に対する考え 》》》③自身とのマッチング・入社後の姿

アピールポイント **仕事選びの軸** -----------------

金融業界全般の役割を理解したうえで、銀行の社会的意義などを訴え、自分の仕事選びの軸を伝えます。銀行の特徴を踏まえて、自分がどう関わりたいかも伝えます。

🔑 keywords 「マッチする」「共鳴する」「企業理念に共感」「魅力を感じる」

アピールポイント **サポート力** -----------------

誰かを陰でサポートすることの重要性を理解し、学生時代にも実践してきたことをアピールします。銀行は信頼関係のうえで、企業を金融面でサポートしていく仕事であり、その資質を持つことを強調します。

🔑 keywords 「信頼」「関係」「頼れる」「支える」「サポート」「安心の」
「任せられる」

これだと NG ▶銀行の業務についての理解が浅すぎる。
▶銀行でなければならない理由が感じられない。

正解例 銀行の社会的な意義への理解をアピール

経済の血液ともいうべきマネーを供給するという、銀行の社会的な役割に魅力を感じているからです。融資にとどまらず、ビジネスマッチングを通じた新たなビジネスの創設や地方創生にも欠かせない存在であり、自分が仕事選びの軸としている「社会に有益な、新しいものを生み出す人を支える仕事」に銀行の事業はマッチしていると考えます。御社に入社して、社会をよくしたいという私の熱意をもって御社の成長に貢献し、日本経済の発展にも寄与したいです。

面接官の評価: 業界研究を通じて、銀行の社会的な意義をよく理解していることがわかる。一企業だけでなく、社会全体のことも意識している点は高評価。

正解例 成長を支えることへのやりがいをアピール

信頼を第一とする業態だからです。私は大学の剣道部での後輩への指導から、人の挑戦に関わり、成長を支えることにやりがいを感じてきました。この経験から、自身のアドバイスで顧客企業の成長に貢献できる銀行の業務に魅力を感じています。後輩の指導もそうですが、私は今まで信頼関係をあらゆることで重視してきたため、強い信頼が根底にある銀行業との親和性は高いと考えます。入社したら真摯に顧客企業に向き合い、信頼関係を築いていきたと考えています。

面接官の評価: 信頼というキーワードを前面に出し、銀行を志望する動機をしっかりとアピールできている。

【IT】この業界で働くために どんな勉強をしましたか?

＼＼ 面接官が知りたいこと ／／

- どの程度、IT 業界に興味を持っているか
- 主体的にスキルアップできる人材であるか

攻略法 ▶ 志望度が試される質問。IT に特化した資格や能力だけでなく、クライアントに対してやチーム間で求められるコミュニケーション力も、十分アピールできる能力です。

回答の流れ ①勉強内容を明示 ≫≫ ②エピソード・具体的な学び方 ≫≫ ③学びからの成長・今後の学習の進展

アピールポイント (コミュニケーション力)- - - - - - - - - - -

専門職が協力して、チームで仕事をこなしていくことの多い IT 業界で必要な、コミュニケーション力をアピールします。エピソードとともに、チームでの経験から意思疎通をはかる能力を高めたことも伝えます。

🎤 keywords 「やりとり」「相手に伝える」「求める」「意思疎通」

アピールポイント (探究心)- - - - - - - - - - - - - - - -

IT 業界は専門職が多岐にわたるため、志望する職種とともに、その職種に関わる学習を貪欲に行っていることを伝えます。知識の取得のため、具体的にどのように勉強しているかを伝え、本気度をアピールします。

🎤 keywords 「興味」「調べる」「喜び」「知的欲求」「好奇心」「研究」
「ワクワク」「知識を吸収する」

これだと NG ▶ IT 業界への理解が浅すぎる。
▶ 勉強していることがなく、業界志望の本気度が伝わらない。

正解例 相手が求めることを察し、伝える能力を強調

ITパスポート試験の勉強をしており、来月中に受験するつもりです。基礎的な学習ではありますが、まずは資格を取得し、プログラム言語として「Java」を在学中に学んでおくつもりです。また、大学1年のときに、友人ら3人でサークルのホームページを作ったことがあります。その過程で、ITの世界でも、イメージのズレを生まないためのコミュニケーションが重要だと感じ、相手が何を求めているか、どう主張すれば相手に伝わるかを読み取る能力が身につきました。この能力を御社で活かしたいです。

面接官の評価 ITであっても、コミュニケーション力が重要になることを経験から学んでいる。技術的な面を少しでも理解しておこうという努力も伝わってくる。

正解例 貪欲に学んでいる姿勢をアピール

私はWebディレクターに必要なWeb制作や、サイトのアクセス解析や更新作業のディレクションに関する知識を学んでいます。学習は独学で、主にオンラインでの動画や書籍を活用しています。また、知見を深めるため、Webディレクターとして活躍されている方々とSNSで連絡をとり、指導やアドバイスを受けたりしています。プログラミングの知識を持っていることも必要だと思い、在学中に勉強しておくつもりです。今後も新しい技術や知識を獲得していくことを楽しみつつ、御社に貢献したいです。

面接官の評価 業界で働くための知識を、自分で着実につけることのできる人物だということがわかる。

【マスコミ】マスメディアは今後どのように変化すると思いますか?

面接官が知りたいこと

- マスコミに対する情報をどれだけ知っているか
- どのような思考をする人物であるか

攻略法 マスコミ業界の面接は短い傾向にあり、長々と説明するよりも、短い言葉で的確に伝えるのがポイントです。企業の媒体などのコンテンツを研究しておくことも不可欠です。

回答の流れ ①変化を明示 》》》 ②理由・自身の視点・エピソード 》》》 ③自身の活躍・活動からの学び

アピールポイント **多角的視点**

現状のマスメディアが抱える問題等について伝え、自らの視点でその理由を述べて、自分なりの考察ができることをアピールします。そして、その自分の特性を、企業でも活かせることを強調します。

🔑 keywords 「複眼」「多元的」「様々な角度から見る」「俯瞰」

アピールポイント **情報発信力**

現在のマスメディアが置かれている状況を把握しつつ、自分なりの今後についての推察を伝えます。自分でもメディアとしての活動をしていることをアピールし、そこからの学びについても強調します。

🔑 keywords 「発言力」「伝えるスキル」「自分なりの考察」「知識」「SNS」「インフルエンサー」

これだと NG
- ▶ マスメディアへの理解が感じられない。
- ▶ 主体的な行動や主張が見られない。

正解例　様々な角度からの視点を持つことを強調

利用者側の選択肢が増えて多岐にわたり、発信者側はより細分化された情報発信に変わっていくのではないでしょうか。一般的にいわれる「マス」という存在自体がすでに変わってきていることが理由です。SNSやインターネットコンテンツの拡大等で、ユーザーが自ら情報をとりに行く時代になったことも大きく影響していると考えています。<u>私自身、様々な角度から物事を見るよう日々意識しており、このような視点を、御社の発展と挑戦に役立てられればと考えます。</u>

面接官の評価

マスメディアの今後について、自分の視点でよく考察している。企業の変革に有用な人物であることが推測でき、評価に値する。

正解例　情報発信者として活躍していることをアピール

若い世代に合わせて、従来のような情報量の多い発信は減ってくることが予想されます。若者のマスメディア離れも事実ですので、タイムパフォーマンスを重視する若者の志向に寄り添う姿勢が重要だと思います。<u>私もSNSでニュースへの自分の見解を同世代に向けて発信しています。気をつけているのは、伝えたいことを端的に表現することです。さらに、どの立ち位置からの情報で、どのような受け取り方をされるのかを意識するようになり、情報発信者としての資質が磨かれていると感じています。</u>

面接官の評価

若者目線の考えと、現実のトレンドをうまく表現している。情報発信者として能力を高めている点も◎。

【商社】商社でどんなビジネスが やりたいですか？

面接官が知りたいこと

● 商社のビジネスモデルをどの程度知っているか

● 入社してからのイメージを自分で持っているか

攻略法 ▶ 総合商社の選考では、ビジネスモデルの実態をすべてとらえることは難しいですが、企業研究を十分に行い、自分のやりたいこととのすり合わせをしておき、その成果を伝えます。

回答の流れ ①やりたい ≫≫ ②理由・ ≫≫ ③企業で働く意欲
ビジネスを明示　　エピソード

アピールポイント **事業への熱意** - - - - - - - - - -

企業で自分のやりたい事業を伝え、その理由について詳細に述べます。企業研究にもとづき、企業の行っている事業を交えて話すことで説得力が増します。最後には、企業で働くことの意欲と熱意をアピールします。

🔑 keywords 「医療サービスを届ける」「命を守る」「価値ある事業」

アピールポイント **結びつける力** - - - - - - - - - -

企業でやりたいことを伝え、その理由を自分のエピソードを交えて話し、なぜ繋がる力は重要だと思ったのかをアピールします。そして入社したら、業務に尽力することも強調します。

🔑 keywords 「ネットワーク」「人と接する」「繋がる」「知識」「結びつける」「連結する」

これだと NG
▶本当にやりたいという意欲が感じられない。
▶企業の事業内容についての理解が浅い。

正解例 ▶ 東南アジアに医療を届けたい熱意をアピール

日本の優れた医療サービスを、同じアジアの仲間である東南アジアの医療の遅れている地域に届けたいです。その理由は、大学で友人になったカンボジアからの留学生の話を聞いたためです。医療の不足から親戚を3人亡くしたという話で、日本の恵まれた医療体制に慣れた私には衝撃でした。御社は、病院を中核としたヘルスケアエコシステムとして、サービスや人材など、多角的な医療資源を国外にも提供しています。ビジネスとしてはもちろん、地域に暮らす住民の命を守る価値のある事業であり、私もその事業に加わり、多くの人々の安心を確保したいです。

面接官の評価 企業研究の成果がわかるとともに、ビジネスで社会貢献したいという熱意が伝わってくる。

正解例 ▶ ネットワークを拡大したいことを強調

人と人、企業と企業を結びつける仕事がしたいと考えています。大学の学園祭の運営に携わる中で、メンバーの離脱など困難に直面しましたが、その際に校外の学生や教授らからも手厚いサポートを受け、人と人とが結びつく力、ネットワークの重要性に気づかされました。御社は総合商社として様々な分野で事業を展開し、世界中の企業や人、国とのネットワークを持っています。私は御社で数多くの人に接し、さらなるバリューチェーンの構築に尽力し、御社の成長を支えていきたいです。

面接官の評価 商社の、人や企業を結びつけるという本質的な事業と、就活生の仕事選びの軸との一致がわかる。

【インフラ】なぜ専攻と違うエネルギーインフラを志望しているのですか?

- 就職活動に一貫した軸はあるのか
- 専攻と違う業界への志望を論理的に説明できるか

攻略法 就職活動の軸を明確に伝えるようにしましょう。漠然とした回答ではなく、明快に理由を説明して、方針なしに就職活動をしているのではないことをアピールします。

回答の流れ ①理由を明示 》》 ②企業へのエントリーのきっかけ 》》 ③企業への入社意欲

アピールポイント **対面力**

専攻よりも重要な、自分にとっての就職活動における軸があることを伝えます。エピソードでそのような考えに至った経緯について補足しつつ、なぜ、その企業にエントリーしたのかを伝えます。

🔑 **keywords** 「議論」「発表」「対面する」「話し合う」「ディスカッション」

アピールポイント **論理的思考**

業界に興味を持つきっかけとなった理由を、エピソードとともに伝え、その業界を軸に就職活動をしていることを訴えます。入社したら、自らの論理性を活かせることもアピールします。

🔑 **keywords** 「一貫性のある」「論理的」「筋の通った」「整合性」「ロジカル」「道理にかなう」

これだと NG
▶ 理由が支離滅裂で説明になっていない。
▶ 業界や企業で働く意欲が感じられない。

正解例 人と対面することを優先していると主張

近年のエネルギー価格高騰で生活を左右するエネルギーインフラの社会的意義を意識するようになったからです。また、大学で一番やりがいを感じたのは、ゼミでの議論や発表といった人と対面して成し遂げることでした。<u>チームで課題を見つけて研究し、発表するという流れを繰り返す中で、議論や発表のスキルも上がり、教授から高い評価をいただくことが増えました。</u>対面での人との関わりがあり、かつエネルギーインフラ企業という両輪で企業選びを検討していたとき、御社が「人がすべて」を社是としていることを知り、御社しかないと決意しました。

面接官の評価 | 大学での専攻ではない業界を選んだ理由について、論理性を持って説明できている。

正解例 責任ある環境で働きたいことをアピール

実家が大雨で床下浸水の被害にあい停電したことで、ダイレクトに人々の生活に貢献できるエネルギーインフラに興味を持ち、就職活動でもこの業界を中心にエントリーしています。業界研究を進める中で、日々の生活を支え、非常時にも当たり前を支えるという社会的意義に共鳴し、業界のリーダーで特に防災に力を入れている御社の責任ある環境で仕事をしたいという思いを強くしました。<u>法律を学ぶ中で身についた論理的な考え方を活かして、災害に強いインフラ構築に将来的には関わりたいです。</u>

面接官の評価 | 業界に興味を持った経緯がよく伝えられており、専攻の法学から身につけた論理性もアピールできている。

【小売】あなたが店長なら どんな売り場にしたいですか?

面接官が知りたいこと

- ●小売業に求められる要素をどのくらい理解しているか
- ●入社してからのイメージを自分で持っているか

攻略法 ▶ 入社したら、しっかり企業に貢献できることを訴えます。小売業について勉強していることも、売り場についての自分の意見やアイデアを含めることでアピールします。

<u>回答の流れ</u> ①アイデア・ 方針を明示 》》》 ②具体的な方法 》》》 ③入社意欲・ 入社後にやりたいこと

アピールポイント **発想力**

自分がこのようにしたいと思う売り場について伝えます。より詳細な内容やアイデアを話すことで、発想力に富んだ人物であることをアピールするとともに、小売の仕事へ強い意欲を持っていることを訴えます。

🔑 keywords 「アイデア」「想像」「生み出す」「イマジネーション」

アピールポイント **経営的視点**

自分の思い描く売り場のイメージを伝えます。コストを意識した売り場作りということをアピールし、店舗経営まで考えが及んでいることを訴えます。最後に、自ら着想した新たなサービスもアピールします。

🔑 keywords 「コスト」「固定費」「人件費」「大量仕入」「売り場管理」 「ロス低減」「利益還元」

これだと NG ▶店舗で働く熱意が感じられない。
▶小売業の基本が理解できていない。

正解例 楽しさを前面に出した売り場のアイデアを強調

お客様が、楽しく買い物ができることを第一とした売り場にしたいです。そのために店舗の動線の最適化をし、欲しい商品がどこにあるかがすぐにわかるようにし、品揃えを充実させます。「昭和の人気商品フェア」や「上海の市場コーナー」など、この店舗はこんな企画や商品の取り揃えもあるのかと驚かれるような、来店が楽しくなる仕掛けやイベント色の強いキャンペーンも頻繁に行います。入社しましたら、お客様が店を出たときに笑顔になっているような売り場作りを目指したいと考えています。

> 面接官の評価 アイデアが具体的で、店舗運営に興味があることがアピールできている。

 正解例 収益重視の店舗作りをアピール

無駄やロスを極力減らして、収益性の高い売り場作りをしたいです。具体的にはコストコなどのように、店内の什器や装飾等には過剰にお金をかけず、業務マニュアルの徹底をはかり、人員も最低限のスタッフで回せるような運営にして低コスト化を推進します。商品は徹底した売り場管理を実施して売れ筋商品に絞り込み、ロス低減を実現させます。収益が上がった分はお客様にしっかりと還元し、価値ある商品を安く購入できる売り場を目指します。

> 面接官の評価 店舗運営の基本をよく勉強していることが伝わってくる内容である。将来は幹部候補の期待が持てる。

【メーカー】弊社の製品で すごいと思う点は何ですか?

面接官が知りたいこと

● 企業を正しく理解できているかどうか

● 論理的に説明できる能力があるかどうか

攻略法 ▶ 自社の製品をどの程度知っているか、ひいては企業研究を十分に行っているかが試される質問です。製品に関する知識をアピールするとともに、自分の価値観も伝えます。

回答の流れ ①製品のすごいと 思う点を明示 》》 ②製品についての 自分なりの考察等 》》 ③入社意欲

アピールポイント **独創性**

企業の製品ですごいと思う点を伝え、なぜそのように感じるのかを、自分の価値観とともに説明します。そして、自分の持つ独創性を企業で発揮したいということをアピールします。

🔑 keywords 「オリジナリティ」「唯一」「独自の」「差別化」「アイデア」「発想」「イノベーション」

アピールポイント **企業理念への共感**

製品のすごいと思う点について伝えます。その理由として、自分なりの考察を述べ、自分が重きを置く価値観、企業理念への共感についてアピールします。入社の意志と入社したらどのような働きをしたいかを訴えます。

🔑 keywords 「強く共感」「共鳴」「同感である」「同じ思い」

これだと NG ▶ 主力製品についての知識が乏しい。
▶ 製品に対する思いが感じられない。

---- 正解例 自分の独創性を企業で活かしたいと強調

私が考える御社の製品のすごいところは独創力です。御社は他社にはない機能を開発し、差別化に成功しているからこそ、業界内でトップシェアを占め続けているのだと考えています。例えば、昨年ヒットした炭酸飲料対応ボトルは、これまでの常識を覆し、サイダーやビールなども入れられるというもので、毎日私も愛用しています。このような商品開発は、御社ならではの独創性を重んじる社風と高い技術力があってこそです。私も大学の広告研究会で培ってきた独創性をさらに磨きつつ、御社で新しい製品を生み出すことに貢献できればと考えています。

面接官の評価　自社と自社の製品への理解があり、商品開発のベースに高い技術力があることもわかっている。

---- 正解例 ロングセラーを生み出す企業理念への共感を強調

利便性が高く、ずば抜けて使いやすい点です。社訓に掲げられているように、常にユーザーのことを考えたものづくりを実践しているからだと考えます。だからこそ、ロングセラーのシリーズも多いのだと思っており、このような企業理念に対して強く共感しております。製品のクオリティと信頼性は業界一であり、私も高校生のときに一度御社の商品を購入して以来、一度も他社の商品に乗り換えたことがありません。入社したら、多くの顧客に愛されるロングセラー商品作りで貢献したいです。

面接官の評価　自社の製品の特徴をうまく表現し、自社でロングセラー商品を作りたいという思いを伝えている。

【不動産】不動産業と環境問題の 関係についてどのように考えますか?

面接官が知りたいこと

- 業界を取り巻く状況を理解しているかどうか
- 社会的な問題についての見識があるか

攻略法 不動産業界、特に都市開発などを担う総合ディベロッパーでは、視野の広さは評価要因です。業界に絡んだ社会的な問題まで研究していることをアピールします。

回答の流れ ①自分の考えを明示 》》 ②企業の取り組み・解決策 》》 ③企業で自身がやりたいこと

アピールポイント ## 経営方針への共感

企業と環境問題に関する自分なりの考えを伝え、企業の取り組みや経営方針を理解していることをアピールします。最後に入社したら、自分も環境対策に取り組みたいという抱負を訴えます。

keywords 「自分の考えとの一致」「共感」「共鳴」「同感である」「同じ思い」

アピールポイント ## 提案力

企業の事業と環境問題とが両立できることを伝え、その解決策について自分なりに考えたアイデアや情報収集したことを話します。企業の事業への理解とともに、環境問題への高い意識をアピールします。

keywords 「アイデア」「考え」「問題解決」「ソリューション」「発案」「アドバイス」

これだと NG
- ▶業界研究をしていないことが明らかである。
- ▶論理性のある説明ができていない。

正解例 ▶ 大学での研究が企業で活かせると強調

総合ディベロッパーとしての開発プロジェクトでは、どうして
も環境を犠牲にしてしまう側面もありますが、世界的な潮流を
考えると環境負荷を十分考慮したうえで事業を推進することは
不可欠だと考えます。その点、御社はサステナブルなビジネス
モデルへの変革を経営方針にも掲げ、環境負荷への具体的な取
り組みを宣言して実行しており、自分の仕事における考えとの
一致を感じています。私が御社に入社したら、後世に長く残る
街作りを行うとともに、大学で学んだ研究テーマを活かし、環
境へ配慮する施策作りでも貢献したいと考えています。

面接官の評価 | 企業に求められる国際的な環境対策の潮流について、理解していることがわかる。

正解例 ▶ 自分なりに考えた解決方法を提案

都市開発・街作りと環境問題は一見、相反する問題のように思
われますが、企業努力で両立することは可能だと考えます。そ
の方法の一つが、サステナビリティにつながる再生エネルギー
の活用です。建物には太陽光パネルを設置し、自社ビル等での
企業活動に必要な電力についても100%再生エネルギーに切り
替えます。また、建物やビルには低炭素建築物を採用し、街並
みに樹木を大量に植樹することで、脱炭素を意識した環境にや
さしい街作りを実現できると考えます。

面接官の評価 | サステナビリティを意識した、様々なアイデアを提案できている。企業研究をよくしたことが伝わる。

最後に何かありますか?

面接官が知りたいこと

- まだアピールしたいことはないか
- 企業への入社意欲はどの程度なのか

攻略法 ▶ 緊張も少しほぐれた状況での質問です。面接官が与えてくれる最後のチャンスだと思って、自己PRの念押しのつもりでアピールしましょう。

<u>回答の流れ</u> ①本日のお礼 ≫≫ ②自己PR ≫≫ ③入社意欲の念押し

アピールポイント **語学力**

面接の感想や、そこから得られた情報についての感想を述べます。企業への入社意欲が高まったこと、入社前に学生時代にやっておきたいことなどを整理し、就活生が企業に貢献できることを念押しします。

🎤keywords 「TOEIC®L&Rテスト」「語学留学」「ネイティブ」「スコア」「国際」

アピールポイント **突破力**

面接のお礼と、入社意欲をさらに高めたことを伝えます。すでに伝えている自分の強みを改めてアピールし、その強みを使って入社後はどのように活躍したいかを訴え、最後にお礼を述べます。

🎤keywords 「打ち破る」「越える」「解決」「クリア」「力強く」「開拓する」「ブレイクスルー」

これだと NG ▶ 伝えることがすでに何もない。面接官へのお礼もない。
▶ 念押しの意味で、最後に入社意欲を表明していない。

---- 正解例 スコア900点を目指すことをアピール

本日の面接で御社の目指すビジョンについて詳しく聞かせていただき、御社で働きたいという気持ちがより高まりました。特に御社が海外進出を本格的に進めているというお話を聞くことができたことは、私にとって大きな収穫でした。私のTOEIC®L&Rテストのスコアは現在780点ですが、御社で活躍したいというモチベーションで在学中にはリスニングを強化して900点を目指したいと考えています。本日はお時間をいただき、誠にありがとうございました。

面接官の評価

入社後の企業でしたいと考えている業務と、それまでに英語力を強化したいという姿勢との一致が見られる。即戦力も期待できる人物である。

---- 正解例 入社後のイメージがあることを強調

本日は貴重なお時間をいただき誠にありがとうございました。今回、面接を受けさせていただいたことで、より一層御社で働きたいという気持ちを強くし、また自分が働く姿が頭の中に鮮明に浮かび上がってきました。入社できましたら、積極的に新規市場を開拓している御社で、アメフトで鍛えた私の強みである突破力を活かして、新市場の開拓に貢献したいと思っております。本日はお忙しい中、本当にありがとうございました。何卒よろしくお願いいたします。

面接官の評価

入社後の働くイメージが頭に浮かんでいるという就活生の言葉は、入社意欲の高さを感じさせる。

Q

その他

何か質問はありますか?

‥‥‥‥ 面接官が知りたいこと ‥‥‥‥

- 自社への志望度や働く意欲はあるか
- 自社への不安や疑問点はないか

攻略法 入社への意欲を最終確認しています。ここで何も質問がないようであれば、入社意欲は弱いと判断されてしまいますので、企業研究でわからなかったことなどを聞くようにします。

回答の流れ ①企業や業務に関する質問 》》 ②質問の理由 》》 ③就活生の行動

アピールポイント **部署への関心**

企業や業務について、入社前にあらかじめ知っておきたいことを質問します。業務や雰囲気などについて、より具体的な情報を聞くことで、入社意欲のアピールになります。

🔑 keywords 「業務」「雰囲気」「社員」「適正」「資格」「昇進」

アピールポイント **知識への関心**

入社前に、業務に必要な知識を質問し、在学中に学んでおきたいという考えをアピールします。また、企業で活躍している人の特性を聞くことも、入社意欲を訴える質問になります。

🔑 keywords 「勉強」「資格取得」「準備」「入社前」「学習」
「役立つ」

これだと NG
▶ 質問内容が給料や待遇面のことばかりである。
▶ 質問することがないと伝えてしまっている。

自己PR | 志望動機 | 仕事選び | 学生時代 | 長所・短所 | 趣味・特技 | 関心事 | 業界別 | その他

正解例 志望部署への関心の高さをアピール

私は、大学で学んできた法律の知識を活用するため、国際法務部を志望しておりますが、この部署で1人で業務を任されるまでには、どれくらいの時間がかかるものでしょうか？

<u>最短で一人前に業務を行えるようになったケースについて、どのような人物であるかも含めて教えていただければと存じます。</u>（アピール）

会社説明会で入社1年目で活躍されている方もいらっしゃるとお聞きしましたが、私もぜひ1日も早く業務について覚えて独り立ちし、御社に貢献したいと考えております。

面接官の評価　志望する部署に関する詳細な質問をすることで、企業に強い興味を抱いていることをアピールできており、入社に対する意欲の高さが伝わってくる。

正解例 必要な知識を得ておきたいことを訴える

<u>御社に入社した場合に備えて、在学中から準備しておくべきことや、勉強しておくと業務上役立つことは何でしょうか？</u>（アピール）　入社することができれば、できるだけ早く業務に慣れて、少しでも御社の役に立ちたいと思いますので、ぜひ教えていただけたらと思います。また、入社したら同期でトップの評価を得ることを目指したいと考えています。つきましては、御社に入社してから目覚ましい活躍をされている方の特性についても、教えていただければと思います。

面接官の評価　企業で活躍している人物に興味があるという表明で、入社意欲をアピールできている。

時事系の質問に回答する

　面接では、「最近気になったニュースは何ですか」など、直接的に時事について問われる質問もあります。この質問で試されるのは、どれだけ社会に関心を持っているのか、情報を収集するためにどのようなアンテナを張っているのか、という点です。

　ビジネスでは、トレンドを鋭く察知し、適合していくことが必須なため、日々移り変わる情勢に目を向けることのできる能力は不可欠です。

●時事系の質問のポイントは自分の意見がどうであるか

　何より重要なことは、ニュースに対して就活生がどのような意見を持っているのかを伝えることです。ニュースの内容をひたすら述べるだけでは意味がありません。ニュースについて深く理解したうえで、自分の考えを面接官に伝えることで、評価される回答になるのです。

　時事的な質問に対する対策としては、日頃からネットやテレビのニュース、新聞に目を通す習慣を持つことが一番です。特に、「この業界で最近気になったニュースはありますか？」などと問われた際にも対応できるよう、志望する業界に関係するニュースには特に多くのアンテナを張っておくようにします。直前の時事対策としては、気になったニュースをいくつかピックアップし、概要をまとめて、自分の意見も合わせてまとめておくとよいでしょう。

［ 時事系の質問での回答の流れ ］

①ニュースの概略を伝える	自分がどのようなニュースに関心を持ったのか、そのニュースの概略はどんなものであるのかを冗長になりすぎないように伝える。面接前に、いくつかのニュースについてまとめておくとよい。
②関心の理由	ニュース選びには就活生の価値観が反映されるため、なぜそのニュースに関心を持ったのか理由を伝える。
③社会的な影響	ニュースが与える社会的な影響、業界や企業に対する影響なども伝える。
④自分の考え	ニュースへの自分の考えや意見を伝える。ビジネスにどう活かせるかという視点も意識しつつ、面接前に、ニュースに関する考えや意見をまとめておく。

第5章

形式別・
面接シミュレーション

Web面接、一次面接で行われることの多いグルー
プディスカッション、二次面接、最終面接について、
それぞれの形式にのっとった面接のやりとりをシミュ
レーションしていきます。就活生の回答に対する面
接官の総評も一緒に紹介しています。

※面接の一部のシミュレーションです。実際の面接の中では「御社」
　よりも、適宜、企業名で呼ぶと志望度の強さが伝わるでしょう。

Web面接

Web面接では、画面越しでのコミュニケーションになります。明るい印象を保ちながら、相手に伝わりやすい言葉を意識していきます。

企業 人材派遣会社　　**職種** 営業　　**アピールポイント** 交渉力

[Web面接のシミュレーション]

基本的な対応は、対面型の面接と変わりませんが、回答は短めにし、言葉のやりとりを増やすイメージを持つとよいでしょう。ここでは、交渉力をアピールポイントとする就活生のWeb面接の様子を見ていきます。

はじめまして。音声は聞こえておりますでしょうか?

聞こえております。○○株式会社人事部の佐藤と申します。本日はよろしくお願いいたします。

よろしくお願いいたします。

まずは、自己紹介をお願いします。

○○大学経営学部商学科3年の○○○○と申します。**ポイント❶** 大学生活では2つの柱を意識しております。一つは仕事に就いても活かせるような実践的な知識教養を身につけることです。2つ目は卒業後も活かせる人のネットワークをより多く築くことです。そのために、大学内外で積極的にコミュニケーションをはかることを心がけています。本日は私の行動力と明るい性格をアピールできれば嬉しいです。よろしくお願いいたします。

ポイント❶：学生時代を、ただ漫然と過ごすのではなく、卒業後を見越して、しっかりとした考えを持って過ごしている。

174

学外ではどのようにネットワークを広げているのですか。

 SNSで興味を持った人と連絡をとり合い、可能ならば実際に会ってお話しさせていただいたりしています。そこで有名なユーチューバーや企業経営者などとも知り合いになり、様々な情報交換を定期的にしています。

そういったコミュニケーションから得られることは何ですか？

 ポイント②
自分にはない価値観が得られることが一番大きいです。何かを発信している方の共通項として、やはり同級生などとはレベルの異なる積極性や、物事に取り組む前向きさが感じられ、とても刺激になっています。

なるほど。では、自己PRをお願いします。

 私は交渉力に長けています。学園祭の実行委員会の幹部を務めた際、準備当初から予算面で各企画の責任者と意見が合わず、各自が主張する予算の折り合いをつけるため、1か月以上交渉を続けました。相手の立場を考慮し、妥協すべき点と譲れない点を明確にし、さらに追加で協賛企業を募って予算の増額に取り組むことで各企画の責任者に納得してもらえる予算配分が可能になり、学園祭を成功に導くことができました。
ポイント③
この経験から、交渉事は継続的な話し合いを通じて解決策を見出さなければならないことを実感しました。御社に入社したら、社内外の方々と関わる機会が多いと思いますので、私の交渉力が活かせると考えております。

ポイント②：仕事で大事な第三者の価値観を知るメリットを理解している。
ポイント③：経験から交渉するうえで重要なことをしっかり学んでいる。

思い通りにいかなかったことは他にもありますか？

 一番思い通りにいかなかった点は、私たち実行委員会で決めたスケジュールが、部活動やサークル関係者にことごとく否定されてしまったことです。それぞれの活動がある中で、学園祭のためのスケジュール調整を行ってもらうことは至難の業でした。

交渉する際に最も注意した点は何でしたか？

 ポイント④ 相手の主張をしっかりと聞くことです。自分たちの主張ばかりを押し通すだけでは物事が進まないことを学びました。特にスケジュール管理については、各組織の主張を聞き入れて、最適な調整をはかりながら進めるようにしていました。

実行委員会で主体的に果たせたことを教えてください。

 学園祭で呼ぶアーティストの選定では、現実的なことも踏まえながら積極的にアイデアを出し、自分が出演を推薦していたアーティストを呼ぶことになりました。アーティストが所属する事務所との折衝役も自ら行いました。事務所に対しては、**ポイント⑤** 若者の知名度アップにつながることを強くアピールし、決して多くない予算内での出演も承諾いただきました。

他に交渉力を発揮したエピソードがあれば聞かせてください。

ポイント④：困難な交渉事から、しっかりと学びを得ている。

ポイント⑤：相手とウインウインの関係にあることを意識して、自分たちがより有利になるように交渉している。

高校のときですが、剣道部の練習時間が、あまりにも長時間だったこともあり、部員全員の後押しを受けて顧問の先生に直訴して試験前だけは1時間短縮していただいたことがあります。その際の条件として、**練習の質を落とさず、短縮した時間の分だけより集中して取り組むことを提案し、短期、中期にわたった練習プログラムも提出したことで理解を得ることができました。** このことで部員全員のモチベーションが上がり、大会でも例年以上の成績をおさめることができました。

ポイント⑥

会社選びの軸を教えてください。

自分の夢に向かって熱い気持ちで働いている社員が多い会社かどうかです。学外の方とコミュニケーションをとる中で、夢に向かって努力している方はとても輝いており、結果も出していました。そういった方が多い組織は絶対に大きく成長する組織だと考えます。その点、**御社はそれぞれの社員の主体性を重んじ、自由な発想にもとづく仕事を重視していると会社説明会でお聞きしています。** 私はそういう組織の中に身を置き、会社とともに熱い気持ちで成長していきたいです。

ポイント⑦

ポイント⑥：自分の意見を通すための具体的な方法を理解している。

ポイント⑦：自分の会社選びの軸との共通点をアピールできている。

面接官の総評

アピールポイントである交渉力があることが、エピソードから確認できます。難しい交渉から解決策を導き出しており、仕事で困難なシーンに直面しても打開する力を持つ人物であることが推測できます。会社選びの軸についても明確で、自社の中でどのような活躍をしてくれるのかが想像できます。

グループディスカッション

複数の就活生が参加するグループディスカッションでは、まずグループでの役割を決め、その後、与えられたテーマに沿って議論を行います。

企業 ▶ メーカー　　職種 ▶ 総合職　　アピールポイント ▶ 協調性、チーム力

[グループディスカッションのシミュレーション]

　グループディスカッションは、複数の就活生がグループになって、議論を積み上げて結論を導き出すものです。ここでは、大手機械メーカーを志望する就活生のグループディスカッションの様子を見ていきます。1グループは5人という設定です。

○○株式会社人事部の高木と申します。本日はよろしくお願いいたします。このグループでのグループディスカッションでは、「人材不足に悩む店で応募者を増やす方法」というテーマでグループとしての結論を発表してもらいます。議論の時間は15分で、のちに発表してもらいます。それでは開始してください。

面接官

まずは、私から自己紹介させていただきます。○○大学3年の高橋竜也と申します。よろしければ、**私がファシリテーター**（進行役）を務めますね。次に、タイムキーパーと書記、発表者を決めたいと思いますが、どなたか希望者はいますか？

ポイント①

高橋

私は書記をやりたいです。○○大学3年の坂田矢恵と申します。みなさんの意見をノートにまとめていきますね。

坂田

佐藤

私が発表を担当します。○○大学3年の佐藤悠人と申します。よろしくお願いします。

ポイント①：積極的な姿勢がアピールできている。

私は○○大学3年の柴田勝利と申します。タイムキーパーをやりますね。時間があまりないので、**まずは最初の2分間でテーマの前提について定義づけを行い、その後10分程度で議論をし、残りの3分で意見をまとめるのはどうでしょうか。** 柴田

高橋 いいですね。もうお1人自己紹介がまだの方がいらっしゃいますね。自己紹介をお願いします。

○○大学3年の篠田佳と申します。本日はみんなで力を合わせて、グループディスカッションを絶対に突破しましょう。 篠田

高橋 ではテーマについての定義づけをしたいと思います。まずは店というのが抽象的でイメージがわきにくいですね。この点はどうしましょう。

学生街のコンビニエンスストアという設定でどうでしょうか。実際のコンビニも人手不足ですし、生活に密着した身近な存在なので考えやすいと思います。 篠田

柴田 そうすると、24時間営業ということになりますね。**時間帯で応募者数も層もばらつきが出そうですね。ここは、夜間と日中という2つの時間帯で分けて考えるとよいかもしれませんね。**

コンビニの店員はアルバイトだけでしょうから、アルバイトの募集ということに絞って議論していけばいいですね。 篠田

ポイント②：タイムキーパーの役割として重要な、制限時間内での時間の使い方についての提言ができている。

ポイント③：他のメンバーの意見をしっかりと聞き、その意見をさらに深く掘り下げている。

募集をかけるメディアも検討しなければならないかと思います。一般には店頭での募集の張り紙や求人誌への掲載、Webの求人サイトでしょうが、新しいやり方も考えられると面白いと思います。 佐藤

坂田 そもそも人が集まらないということは何か原因があるわけで、そこも改善しなければならないのではないでしょうか。

この点は、特に昼夜別に考える必要があると思います。 柴田

では、一度整理しましょう。コンビニのアルバイトを増やすために、まず昼夜を別に考えつつ、人が集まらない理由を判断して改善策を提示します。そして、求人方法を検討する、ということでよいでしょうか。 高橋

いいです。議論を開始しましょう。 一同

本来、大手のコンビニですと店舗の自主性は限定的ですが、ここでは**ポイント④** その制限にはあまりとらわれないということで自由に議論していきましょう。 高橋

人が集まらないということは、仕事がきつい、時給が安い、シフトが厳しい、人間関係が悪いなどが理由だと思います。コンビニであれば、仕事の内容や時給はそれほど変えようはないでしょうから、シフトの融通がきくというのは昼夜にかかわらず大きな魅力になると思います。 佐藤

柴田 従業員が少なければシフトの融通がきかなくなるので、求人が増えて従業員が増えれば自ずと解決するのではないでしょうか。

ポイント④：進行役として、全員の議論の方向づけをしている。

180

卵が先かニワトリが先かというような話ですね。問題の打開策として例えば、アルバイトを開始してからの最初の3か月については、暫定的にシフトの自由度を高めてあげるというのも一つの方法だと思います。

篠田

高橋
それはいいアイデアですね。シフトの自由度が高ければ働きたいと考える人も増えると思います。

夜間は学生などのアルバイトが増えると思いますので、試験期間の1週間前は無条件で休めるなどを前面に打ち出せるとよいのではないでしょうか。

篠田

坂田
そうするためには、学生以外のアルバイトへの負担が増えてしまう可能性もありますね。

そこは、その一時期だけ待遇面で考慮してあげればよいのではないでしょうか。少し時給をアップしてあげるとか。

高橋

最近は副業を企業も推進していますので、他のアルバイトの方の負担を減らすため、**他社で正社員で働いている人には、週1で夜間早朝2時間だけとか、限定的な働き方ができることを打ち出していく**とよいかもしれません。

坂田

ポイント⑤

夜間のアルバイトだと、コンビニなどでクレーマーのお客さんから店員が嫌な目にあったとかいうようなニュースを時折見ます。そのイメージが応募を避けられてしまう理由の一つかもしれません。

佐藤

ポイント⑤：政府が副業を推進しているという社会的な動きも押さえつつ、オリジナリティあふれるアイデアを提案している。

高橋 ネガティブな印象は払拭したいですね。何かよいアイデアは
ありませんか。

従業員が仲良く、楽しく働いていることをアピールしてみて
はどうでしょうか。ボウリング大会や飲み会など従業員の交
流イベントの写真を、飲食スペースに張り出したりしたら、
一致団結して楽しく働ける印象を与えられると思います。　**篠田**

佐藤 確かに、クレーマーの対処も1人だけで対応するのではない
と想像させることもできますよね。

ポイント⑥
主婦の方などが多い昼間についてはどうですか。夜間や早朝　**高橋**
よりは働ける方は多いはずですが。

篠田 子供の学校行事などに対応できるような柔軟なシフトは不可欠
ですよね。あらかじめ年間行事を出してもらい、前もって必ず
そこは休めるように配慮してあげることが必要だと思います。

その穴を埋めるのは高齢者ではないでしょうか。元気なお年
寄りならば、まだまだ仕事を通して社会との関わりを強めた
いと考えている人が多いはずです。そういった方がアルバイ
トの対象となれば、これまでよりも働きたいと思う人が増え
るのではないかと思います。　**佐藤**

柴田 確かに、高齢者が3人に1人といわれる時代ですから、高
齢者が元気な早朝や午前中などに限定した、高齢者枠の時
間帯のアルバイトを設けても人が集まりそうですね。

ポイント⑥：ところどころで、議論の方向を導いて、メンバーの活発
な意見を促している。

高橋
高齢者の方が働きたいと思うような、仕組み作りも何かあるとよいのですが、アイデアはありませんか。

篠田
今、アルバイトで働いている方のおじいちゃんやおばあちゃんに声をかけてもらうのはいかがでしょうか。採用になったらインセンティブを出すとか。

佐藤
わからないことがあったら自分の孫に聞くこともできるし、よい仕組みだと思います。

柴田
ポイント⑦　議論の予定時間は残り5分です。このあたりで、求人方法についての議論に移ってはいかがでしょう。

一同
わかりました。

高橋
告知の方法ですが、何かアイデアはありますか。

佐藤
アナログ媒体としては、新聞の求人チラシや求人雑誌ならば多くの情報を掲載できますし、一定の効果はありそうですが、劇的な決定打にはなり得ない気がします。Webの求人サイトも同様ですかね。

坂田
やはりスタンダードな店舗での求人の張り紙が、影響力を持つのかもしれません。求人の張り紙のアピールの仕方を工夫するというのはいかがでしょう。

高橋
確かに、一般的には時給が書いてあるくらいですからね。何か一言あるだけで随分影響力が違ってくると思います。

ポイント⑦：制限時間も考慮して別の議論に移るような導きをしている。

柴田　1枚の紙で表現できる情報量は限られると思います。張り紙にQRコードを掲載してはいかがでしょう。店の応募用のホームページを作成し、そのまま履歴書の情報を書き込めるようにしたら便利かと思います。

でも、普通は店舗のホームページは持っていないですよね。一つの店舗として求人用のホームページを作成・管理するのはコスト的にも現実的ではないかもしれません。　篠田

佐藤　SNSを使って広めるのはどうでしょうか。ただの求人情報では意味がありませんので、何か注目を浴びるような内容の最後に求人を呼びかけるとか。

高橋

例えばどんな内容が考えられますかね。

佐藤

拡散されることを意識して、ユニホームを着て歌ったり、踊ったりというのもありではないでしょうか。

業務をネタにしてみてはどうでしょう。コンビニあるあるのようなスタイルで面白おかしくコント風にまとめたショート動画です。　篠田

高橋　それならば、お店の従業員の仲のよさや働きやすさも表現できそうですね。働いてみたいというモチベーションも高めてくれるかと思います。

ポイント⑧
そのときどきの新商品の紹介などもしたらよいのではないでしょうか。求人面と集客面でプラスとなり一挙両得ですね。　坂田

ポイント⑧：活発な意見の交換がなされており、各自がアイデアを出し合い議論が深まっている。

残り3分です。そろそろ提案をまとめましょう。 柴田

高橋
では、ここまで議論してきたことを、書記の坂田さんがまとめてくれたメモから整理します。まずは、コンビニでの求人への応募が増えない理由として、シフトの自由がきかない点が大きな理由になっていましたが、これを改善するため、最初の3か月は自由度が高いシフトを採用するというアイデアが出ました。**ポイント⑨** こちらを改善策として提案したいと思いますが、いかがでしょう。

いいと思います。 一同

高橋
求人の方法については、既存のメディアや方法では突破口にはなり得ないので、SNSを使ったショート動画で、店で働く喜びや楽しさを伝えるというアイデアが出ました。この方法を求人方法として提案したいと思いますがいかがでしょう。

それでお願いします。 一同

高橋
以上で、議論を終えたいと思います。あとは佐藤さんにこれらの内容で発表してもらえればと思います。

ポイント⑨：しっかりと議論をまとめ、メンバーの同意を求めている。

面接官の総評

制限時間内で結論を出している点はプラスの評価です。そのうえで、進行役、書記、タイムキーパーと、主要な役割を受け持ったメンバーがそれぞれ適切に機能しており、グループでの活発な議論を生み出し、全体的に納得感の高い結論を導き出せています。

二次面接

一次面接をくぐり抜けてきた就活生の面接だけに、面接官も聞きたいことを、より詳細に聞いてくるステージになります。

企業 ▶ IT　職種 ▶ 営業　　　アピールポイント ▶ チャレンジ精神

[**二次面接のシミュレーション**]

　個別による二次面接は、人物がより深く見極められるステージです。面接官も一つの受け答えに対して深く掘り下げてきますので、話のつじつまがおかしくならないように注意しましょう。ここでは、大手IT企業を志望し、チャレンジ精神をアピールポイントとする就活生の面接の様子を見ていきます。

○○株式会社人事部の高木と申します。本日はよろしくお願いいたします。早速ですが、自己PRをお願いします。

○○大学社会学部社会学科3年の○○○○と申します。本日はよろしくお願いいたします。**私は新しい取り組みに挑戦することが好きで大きな挑戦を2つしてきました。**一つはプログラミングを独学で学び、アプリ開発に挑戦したことです。基礎知識のないところからのスタートでしたが、健康管理アプリを1年かけて完成させ、1000人の方にダウンロードしてもらいました。2つ目は、アルバイト先の企業で営業職に挑戦したことです。本来アシスタントとしての勤務だったのですが抜擢され、不安の中、挑戦しました。営業トークなど自分なりの工夫を試みることで、社員に匹敵する成績を達成できました。この2つの挑戦から、挑戦することの大切さを痛感しました。この挑戦する力を活用して御社に貢献したいです。

ポイント①：はっきり自分の特性を示し、そのあと具体的に述べている。

プログラミングの学習はどのように行ったのですか？

 最初は数冊の入門書を買って学んでいました。実際の制作のイメージがわかりづらく何度か挫折しそうになったので、Web上の動画やブログなどでわかりやすいものを見つけ、自分に必要な知識を得ていきました。わからないことなどはSNSで知り合った方などからも教えを請い、6か月でアプリ制作ができるレベルの知識が得られました。

プログラミングを始めようと思ったきっかけは何ですか？

 もともと、ゲームが好きだったこともありますが、プログラマーが主役のSF小説を読んで、自分もプログラミングを学んでみたいと思ったことがきっかけです。大学生になるまでに少し学んでいましたが、本格的なプログラミングなどには踏み込んではおらず、自由な時間が少しとれる大学生になったこともあり学び始めました。

そこから得られたものは何でしょうか？

 ポイント❷
論理的思考と問題解決能力です。これまでも直感や感覚で行動するタイプではありませんでしたが、プログラミングを学び、アプリ制作を行う中で、論理的思考がさらに強化されたと感じています。また、アプリ制作では常に何らかの問題が次々と起きるため、問題は何か、それを解消する手段や方法は何かと考える習慣が身につきました。今の就職活動でも、この身についた考え方が役立っています。

ポイント❷：挑戦から確実に成長することができている。

どのように就職活動で役立てていますか？

エントリーする会社を決定する際は論理性を第一に考えました。数打てば当たる的な発想は捨て、自分が入社したいIT業界から、企業が扱うサービスやビジョンを自分なりに分析して10社ほどピックアップし、そこからそれぞれの企業の社風や事業への取り組みなどを調べ上げて、自分の価値観に合いそうな企業5社を第一志望群としました。重視したのは、やはり**ポイント❸** いろいろなことにチャレンジできそうな企業です。社員の自主性が重んじられ、責任がある反面、若手社員でもアイデア次第で大きなプロジェクトに参加できる企業というのが企業選びの軸でした。

あなたのお考えの第一志望群の5社の中で、当社は何番目の志望になりますか？

第一志望です。第一志望群の会社説明会はすべて参加したのですが、御社の会社説明会の営業部の部長のお話にあった「未来をつかむにはチャレンジするしかない」という言葉に感銘を受け、その思いを強めました。また、「エコなライフスタイルを実現するためのIoT活用」という御社の新プロジェクトの立ち上げから、実際に事業として軌道に乗るまでのお話もうかがえ、頭の中のアイデアが人を巻き込み、大きなビジネスに変わっていくダイナミズムに魅了されました。自分がそのプロジェクトに参加していることを想像していたら、アイデアがいろいろと浮かんできました。

浮かんできたアイデアを教えてもらえますか。

ポイント❸：企業選びの軸を明言して、志望理由を明確にしている。

例えば、スマートフォンのアプリを活用し、光熱費や通信費、交通費、加えて環境負荷を効率的に管理する仕組みです。近年広まりつつある、曜日や時間帯で運賃が変わる「ダイナミックプライシング」なども取り入れ、すべての生活シーンにおいて経済面および環境面で最適な利用を提案するというものです。

なるほど。実用化も考えられそうなアイデアですね。これまでに、人を巻き込んで何かを成し遂げたことはありますか？

健康管理アプリを制作するにあたり、大学の友人をはじめ20人に声をかけ、食や睡眠に関する様々なデータを提供してもらいました。アプリ完成時にはお礼としてみんなに集まってもらい、ささやかですが感謝の会を開き、親睦を深めました。完成をみんなが喜んでくれて、各自のSNSでアプリの拡散に協力してもらい、頻繁に連絡もとり合って、アプリの機能更新の情報交換をしています。

プログラミングができるのに、なぜ志望する職種はエンジニアではなく営業職なのですか？

一つの企業で長く働く中で、企業の顔として外部の顧客と接することのできる営業で自分の力を試してみたいと考えたからです。**ポイント④** アプリ制作や運営で培った専門性の高いノウハウは、様々な御社のサービスを外部の人に知ってもらう際、十分に活用できるとも考えています。

アルバイトでも営業を経験しているとのことでした。そのときのお話をもう少し詳しくお聞かせください。

ポイント④：入社後に自分が貢献できる点をアピールできている。

189

地域の企業をクライアントにした広告会社で、広告営業アシスタントとしてアルバイトで採用されたのですが、営業のマンパワーを増やしたいとの会社の方針から、外回りの営業に出ることになりました。社員の方のサポートで、営業を始めましたが、最初は信頼を得ることができず、成果を残すことができませんでした。社員の方に相談していく中で、自分の営業すべきサービスへの理解が浅いことに気づき、徹底的に他社との優位性を研究し、そこを突破口とすることで徐々に成約件数が上がりました。一時は、**社員も含めた週の営業成績ランキングで30人中5位になったこともありました。** `ポイント⑤`

営業職を経験してみてどんな感想を持ちましたか？

営業職は商品やサービスを知り尽くしていることは当然のことですが、それに加えてコミュニケーション力、交渉力、諦めない精神力、体力も必要なのだとわかりました。会社の顔としての役割もありますので、アルバイトとはいえ責任の重さも痛感しました。

それでも営業職にこだわる理由は何ですか？

成果が出ないとひどく落ち込むこともありましたが、うまくいったときの喜びの大きい営業職は、やりがいに満ちた職種だと考えています。また、複合的な能力が問われる職種だと思いますので、営業職の仕事を極めれば、会社内でのどんな部署に配属されたとしても役立つと考えています。

学生時代に失敗したことを教えてください。

`ポイント⑤`：アルバイトで優れた実績を出していることがわかる。

大学に入学してからの前期のテストで3科目分、単位を落としてしまったことです。科目数の多さに慣れず、学習が不十分だった科目があったことが理由です。それ以降は、学習方法を自分なりに変更し、単位を落とすことはなくなりました。

どのように学習方法を変更したのですか。

ポイント⑥
スケジュール管理を徹底するため、各科目の学習の進捗度・理解度を数値で表すことにしました。そこで優先的に学習すべき科目を把握し、時系列的に進捗度・理解度をグラフ化することで、計画的な試験対策を行えるようにしました。

最後に何かいい残したことはありますか。

御社にご縁があったときには、私のチャレンジ精神をフルに活用し、顧客に対して様々な問題解決を提案することのできる営業職として、大いに貢献できると考えております。

以上で面接を終了します。本日はありがとうございました。

こちらこそ、面接のお時間をいただき誠にありがとうございました。

ポイント⑥：失敗から学ぶことのできる人物だとわかる。

―――――（　面接官の総評　）―――――

仕事選びの軸が明確であり、自分の強みや特性と企業とのマッチングがよいこともアピールできています。入社後にやりたい職種も明確にしており、アルバイトで営業職を経験して実績を残したエピソードからも、即戦力として期待が持てる人物だと判断できます。

最終面接は入社意志が試されると同時に、入社したら会社に利益をもたらしてくれるかが問われる、シビアな面も持った面接になります。

企業 旅行会社　　**職種** 企画職　　**アピールポイント** コミュニケーション力

[**最終面接のシミュレーション**]

　最終面接は、本当に入社する意志があるのか、また入社したら中長期的に自社の利益・成長にどう貢献してくれるかという視点で就活生がチェックされる最後の機会といえます。ここでは、大手旅行会社を志望する、コミュニケーション力をアピールポイントとする就活生の面接の様子を見ていきます。

株式会社○○人事部の須藤と申します。本日はよろしくお願いいたします。

 ○○大学法学部法学科３年の○○○○と申します。本日はよろしくお願いいたします。

当社への志望動機をお聞かせください。

 国内旅行の企画力に定評のある御社ならば、お客様の細やかなニーズに応えられるような独創的な商品提案ができると考えて応募しました。国内旅行が好きで、旅行の醍醐味は現地の人とのふれあいだと思っています。御社ではツアーのアイデアを部署を問わずに募集し、実現していると、前回の面接でお聞きしました。御社に入社したら、現地のお祭りに神輿の担ぎ手として参加するツアーや、野菜収穫体験ツアーなど、人と濃密にふれあえるツアーを企画したいです。

なぜ旅行の醍醐味は人とのふれあいだと考えるようになったのですか？

高校2年の春に、友人3人と3泊4日で東北旅行をしたときのことなのですが、秋田県の縄文時代の遺跡を見た帰り、バスを間違えてしまい予約していた宿泊先とはかけ離れたところで降ろされてしまったことがありました。閑散とした田舎町で、友人らと呆然としていたところ、地元の方が声をかけてきてくれて、事情を説明したら宿泊先まで1時間以上かけて車で送り届けてくれました。車中でも郷土の話をたくさん聞かせていただき、**ポイント①** この旅以来、地元の方に触れることの大切さを強く感じました。

当社の企画で知っているものがあれば教えてください。

行先もわからないまま出発地に集合して、様々な地域で名所を訪れるという御社のミステリーツアーをニュースで知り、とてもユニークで画期的だと思いました。旅行は意外性も大事な要素だと考えており、どこに連れていかれるのかわからないドキドキ感が、「吊り橋効果」としてツアー客間の交流を深める効果をもたらすのではないかと思いました。

これからの旅行業界に対しては、どのような考えを持っていますか？

私は旅行関係のニュースをSNSで真っ先にチェックするようにしていますが、顧客に合わせたマーケティングを意識して、SNSで拡散されるような企画をもっと前面に打ち出す部分があってもよいのではないかと考えています。

ポイント①：人とのふれあいを大事にしたいという考え方が、本当であることがよくわかる。

拡散されるような企画は、どのような層に訴えると思いますか？

一番は訪日外国人客ではないでしょうか。特に欧米等の外国人は日本の伝統的な文化や名所に興味があると思いますが、さらにアミューズメント要素を取り入れたセンセーショナルな企画であれば、より喜んでもらえると思います。

もう少し具体的にお話ししていただけますか？

インバウンドでは「体験」がカギになるとニュースで知りました。意外性が高く、体験ができ、日本の文化や人に触れられるような企画であればニーズがあるはずです。例えば、信州・北陸方面のミステリーツアーとして、飛騨高山の民芸品づくり体験を行い、安曇野でそば打ちを楽しみ、白川郷の合掌造りで宿泊し、富山の漁港で地引網を体験する、といったようなプランです。また、旅の様子を動画撮影して、希望するグループはリアルタイムで世界中に配信しても面白いかと思います。

ポイント②

あなたの長所を教えてください。

私は誰とでも良好な関係性を築ける点が長所です。地域の清掃ボランティア活動に参加したとき、商店街の役員の方で気難しそうな人がおり、リーダーの指示を無視して自分勝手な行動をとっていました。みんなが扱いに困っている中、私はその方の側に行き、少しずつ声をかけながら会話をし、10分後には打ち解けてくれ、活動にも協調的な態度をとってくれるようになりました。社会人になっても相手に寄り添ってコミュニケーションがとれる能力を高めていきたいです。

ポイント②：ユニークな独自のアイデアを持っている人物だとわかる。

あなたにとって相手との距離を縮めるポイントは何ですか。

ポイント❸
自分が話したいことを話すのではなく、相手が知りたがっていることを話すように心がけています。その内容が相手の利益になることを意識して話しています。そして、非言語コミュニケーションの活用です。ジェスチャーや身振り手振りなどを取り入れるようにしています。何より、自分が身構えてしまうと相手も身構えてしまいますので、気楽に向かい合うようにしています。

これまで、うまく関係性が築けなかった経験はないですか？

高校のときのクラスメイトなのですが、どのグループにも入らず孤立している人がいました。ことあるごとに声をかけて、少しでも打ち解けたいと考えていましたが、なかなか距離が縮まらず、最後は仲良くなることのできないままクラス替えになってしまったということがありました。このときの反省から、コミュニケーションの難しさを改めて考え直し、コミュニケーションや心理学の本を読んだり、コミュニケーション力を高めるセミナーに参加したりするなど今でも研究は継続しています。

あなたの仕事選びの軸を教えてください。

３つあります。１つ目はお客様の思い出に残るようなサービスや商品を生み出せる仕事です。２つ目は自分自身が人と接することが好きなので、人との交流がはかれる仕事です。３つ目が夢を感じることのできる仕事です。

ポイント❸：コミュニケーションについて、自分で考えながら強く意識していることが理解できる。

夢を感じる仕事について、もう少し詳しく教えてください。

 日常から一歩外へ踏み出すようなサービスを提供する仕事だと考えています。例えば、私が趣味とする映画もその一つです。月に2本から3本は映画館に足を運んで見に行きますが、映画館に行くことで、映画の世界をより体感できる気がしています。テーマパークでも一緒なのですが、行動がともなって夢のような体験が可能になると考えています。**ポイント④** この点で旅行も同じであり、まさに私が考える仕事の軸をすべて満たしてくれる業界だと確信しています。

最近見た映画で印象に残っている映画は何ですか？

 昔の名作を上映する名画座での上映だったのですが、ドイツの巨匠ヴィム・ヴェンダース監督による1984年製作の『パリ、テキサス』というロードムービーです。

その映画のどのような点が、あなたの印象に残っていますか？

 人間関係の儚さが見事に描かれている点です。長い間会っていなかった兄弟が、アメリカの大地を車で長距離移動するのですが、移り変わる景色とともに主人公の男性の心情が見事に描かれており、感情を揺さぶられます。ドラマと並行して流れていくテキサスの景色にも、旅心がくすぐられます。

当社へ入社後、あなたの長所をどのように活かしていきたいと思いますか？

ポイント④：就活生が掲げる業界選びや仕事選びの軸と、旅行業界がマッチしていることをアピールできている。

コミュニケーション力を活かして、当初5年間は窓口業務で顧客が何年経っても笑みがこぼれてしまうような旅のサポートをしていきたいです。御社では5年後から自分が望む部署に移るチャンスが与えられると前回の面接でお聞きしました。**ポイント⑤** 5年後には窓口業務でお客様から得たニーズや願望を反映し、商品開発に関わる部署で生涯記憶に残る旅行のプロデュースがしたいです。デスクワークであっても、私のコミュニケーション力で場の雰囲気を明るくし、商品開発のアイデアの活性化をはかることができると考えています。

もしも入社後、あなたが考えているようなキャリアプラン通りにいかなかったらどうしますか？

はい、それでも仕事を楽しんでいきたいと思います。御社での仕事であれば、どんな部署に所属されようとも間接的にお客様のサービスの満足度を支える仕事に携わっているわけですから、私の能力を全力で発揮できる自信があります。

以上で面接を終了します。ありがとうございました。

こちらこそ面接のお時間をいただき、誠にありがとうございました。

ポイント⑤：入社後および5年先の自分のビジョンがはっきりとある。

面接官の総評

就活生の強みであるコミュニケーション力と、旅行業界、企業とのマッチングがよいことがアピールできています。志望動機だけでなく、趣味などからも、就活生の方向性と旅行業界の一致が見られ、強い入社意欲が感じられます。

OB・OG訪問のメリット

OB・OG訪問は、志望する業界や企業で働いている大学の先輩を訪ねることです。OB・OGと会うことで、就職ナビやホームページなどからでは得られない、具体的な仕事内容や社内の雰囲気などの情報を得られるメリットがあります。自分の働く姿を具体的にイメージするのに役立つ情報の獲得で、適切な企業選びにもつながります。

OB・OG訪問を行うための方法として、まずは大学の就職課・キャリアセンターで志望企業にOB・OGがいるかを問い合わせるのが一般的です。紹介してもらう際は、比較的若いOB・OGであれば、年齢が近いこともあり、今の就活に合ったアドバイスをもらえる可能性が高まります。アポイントの段階から、忙しい社会人の時間を割いてもらうことを考慮し、謙虚な態度で望むことが肝心です。

◉ OB・OGと話したことは面接での有力な材料に

OB・OG訪問のメリットは他にもあります。実際に働いている人の話を聞くことで、志望動機や会社選びの軸になる材料が見つかる可能性もあります。OB・OGと話した内容について、面接の志望動機に盛り込んで話すことで、強い入社意欲を示すことができます。また、「御社で活躍している人の特徴を教えてください」など、会社で必要な能力を聞いておけば、自己PRでアピールする能力・特性を選択する際に役立てることもできます。

[OB・OG訪問の流れ]

OB・OGを探す	訪問するOB・OGを、大学のキャリアセンター、所属ゼミや研究室などに紹介してもらう。
アポイントをとる	メール、電話などで企業の人事担当、訪問する先輩とコンタクトをとり、訪問日時を決める。
訪問する	聞きたいことを事前に整理しておく。社会人としてふさわしい態度で接する。
訪問後	すぐにOB・OGにお礼のメールや手紙を送り、感謝の意を伝える。

第6章

回答力向上
テクニック

この章では、面接での回答をよりうまくするための
テクニックを紹介していきます。これらを知って面
接に望むことで、面接官に与える印象を格段によく
することができます。

言葉のキャッチボールを
意識する

面接での回答は、面接官と言葉のやりとりを繰り返す「言葉のキャッチボール」が基本になります。

言葉のやりとりでより多くの情報を伝える！

　就活の面接で重視されるのが、就活生と面接官の間での「言葉のキャッチボール」です。言葉のキャッチボールとは、**対話の中で相手の言葉にしっかりと耳を傾け、その内容に対して適切に返答するやりとりを繰り返し行うこと**です。

　言葉のキャッチボールを行えば、面接官は知りたい情報を就活生から引き出せて、様々な観点から人物を探ることが可能になります。就活生としても、自分のことをよく知ってもらうのに適した方法であり、

［ やってはいけない！NG例 ］

ゼミでは何を学んでいますか？

私たちのゼミは学術的な研究を行い、学問の領域を広げることを目指しています。ゼミ内の人間関係はとても良好で、週に一度はグループ単位で飲み会を開き、交流を深めています。

本来、面接官が知りたい具体的な活動内容や研究テーマに触れておらず、聞かれていない人間関係のことを話しており、言葉のキャッチボールになっていない。

正解例

企業のマネジメントについて学んでいます。経済情勢によるマネジメントの変化などを実際の企業をモデルケースとして用いて、様々な角度から分析しています。卒論は「米ビッグテックのマネジメント」というテーマで準備しています。

単に聞かれていることだけを機械的に答えるのではなく、プラスアルファの情報も伝えることが大切です。

　言葉のキャッチボールで欠かせないのは、面接官の話を聞く力です。積極的にうなずいたり、相槌を打ったりすることで、相手の話をよく聞いている姿勢をアピールすることも大事です。

コミュニケーション力が試される

　面接でのやりとりの回数や、1回の質問で回答する時間は、面接官の方針、面接の形式などによって異なってきますが、一般的な回答時間は1回当たり1分程度と考えておくとよいでしょう（個人面接）。過剰に長い回答を避け、テンポよく言葉のやりとりをすることが高評価のカギです。就活生の回答に対して、面接官がさらに深掘りして知りたいことへの再質問がされ、それに回答をする、といったやりとりを重ねていくのが理想的な展開です。

　面接官が関心を持っているのは、必ずしも質問に対する回答の内容だけではないことも知っておきましょう。組織での仕事では、どんな職種であれコミュニケーション力は欠かせず、**言葉のキャッチボールを行う中でその能力があるのかについても面接官は注目しています。**スムーズな会話ができるかどうかに加えて、用意されていた回答だけではなく、アドリブ的なコミュニケーションがどれだけできるかについても判断されていると考えておきましょう。

✓Check Point

☐ わかりやすい表現	自分の言葉をわかりやすく、簡潔にまとめ、表現力があることをアピールする。
☐ スムーズなやりとり	相手の聞きたいことを、自然にテンポよく、端的かつ具体的に回答する。
☐ 相手の言葉に注意を払う	相手が話している最中は積極的に聞き手となり、相槌や共感の言葉で対応する。
☐ 会話中での笑顔	会話をスムーズにする効果をもたらす笑顔を自然に出す。

まずは結論を話すことが重要

面接官に強くアピールするためにも、回答すべき内容の結論から先に話すのが基本になります。

面接における印象に残る話し方

　面接官は、1日に何人もの就活生の面接を行います。回答のキモである結論や答えがわからないまま長い話をされると、就活生が伝えたいことが埋もれてしまい、あとで印象に残らなくなってしまいます。したがって、**面接の質問に対して回答する際は、最初に結論や答えを話すのが基本**です。それらを話すことで、面接官に就活生の意図や目的が伝わりやすくなります。

　大前提として、しっかり面接官の質問を理解して、簡潔で的確な内容の回答をすることが基本となります。

[やってはいけない！NG例]

学生時代に力を入れたことは何ですか？

 大学に入った目的はあくまでも知見を深めることであり、学業だけに時間を費やすのではなく、いろいろなものを見たり体験したりしようと入学当時から考えておりました……。

 質問されたことに対して直接の答えになっていない。あとで質問に対する結論を伝えるつもりかもしれないが、面接官によい印象を与えない。

 正解例　ボランティア活動です。子供の多様な体験をサポートする活動で、週に1回程度の頻度で、キャンプやレクリエーション、工作などのイベントで子供と2年間触れ合ってきました……。

結論のあとには理由や根拠を説明する

結論を述べたら、理由や根拠を詳しく説明していきます。面接官が知りたいのは、結論や答えだけではありません。その理由や根拠を聞くことで、**就活生がどういう考え方の持ち主で、どういったときにどういう行動をとる人物であるか、どういった学びをしたかを知ろうとしている**のです。したがって、より具体的に理由や根拠を示すことを意識しましょう。

最後は具体的なエピソードや実例を示す

結論や答えは、具体的なエピソードや実例でも補足します。自分がなぜこのような考え方をするのか、行動をしたのか、**その裏付けとなるような過去の経験や成果を、自身のストーリーや成功体験を通じて伝えることで説得力を持たせます。**

失敗から自身が得たことでももちろん構いません。面接官に、このようなエピソードに裏打ちされた人物ならば、こういった結論、答えになるのは当然だと思ってもらえればよいのです。

✓Check Point

☑ 結論の提示	回答の最初に結論や答えを話す。結論では自分の考え方や意見、主張、目的などを表す内容を伝える。
☑ 明快に 伝える	質問の主旨に合った回答を、シンプルで明快な言葉と文脈で、具体性を持って伝える。
☑ 理由や根拠を話す	結論や答えがなぜそうなったのか、自身の考え方や理由を面接官が納得のいくように説明する。
☑ エピソードを話す	理由や根拠に説得力を持たせることのできる具体的なエピソードを話す。
☑ 論理的な流れを 持たせる	結論から始まり、その後の説明やエピソードに一貫性があるようにする。構成や話の流れに論理的なつながりを持たせることが重要であり、さらに聞き手にわかりやすく伝わるように工夫する。

自分のことを知ってもらう
伝え方

面接は就活生の人物を知ってもらう場です。自分のことを企業にしっかり
伝えるには、いくつかの点に注意する必要があります。

自己PRは矛盾が生じないよう配慮

　面接は、就活生を知ってもらうことが最大の目的です。就活生は自分のことを最大限知ってもらえるよう、「私」を主語として自分の強みや弱み、価値観、経験や成果などを面接官に伝えます。

　そのためにも、**自分自身を客観的に見つめ直し、自己分析を行うことで自己理解を深めておく必要があります。** 自己分析で整理したことを、「自分はこんな人間です！」と、面接での様々な質問に対して自分のPRポイントとして伝えていきます。

[やってはいけない！NG例]

あなたの長所を教えてください。

忍耐力です。いろいろな経験をしたくてアルバイトは大学に
入ってから8つほど変えましたが、どこのアルバイト先でも
みなが嫌がる仕事を我慢して引き受けるようにしてきました。

たくさんの仕事を経験したいという動機は悪くはないが、忍耐力をアピールしているのに、アルバイト先を8か所も変えているのでは、整合性がとれていないと思われても仕方がない。

正解例
忍耐力です。箱根駅伝に出場したくて大学の陸上部に入りましたが、強豪校で層が厚く、2年間は補欠メンバーにも入れませんでした。しかし2年間人一倍努力することをたゆまずに実行し、3年になってようやくメンバーに選ばれました。

　よくある失敗は、整理が不十分で、話が論理的に破綻してしまっているケースです。自己PRで、自分の長所は計画性だとアピールしていたのに、エピソードで無計画な話が出てくれば、面接官も話の信憑性に疑いを抱いてしまいます。

　面接では、言葉の口数は多いのだけれど、緊張のあまり話の整合性に欠ける人も少なくありません。このような矛盾した事態にならないよう、**自分なりにアピールしたいことについては矛盾がないようにポイントとエピソードをセットにしてまとめ、模擬面接などで練習しておきます。**

他人の評価を伝えることでアピール

　自分のことを伝えるのに、自分のことをよく知る他人の評価を用いるのも説得力のある方法です。例えば、「日頃の部活での練習態度を見ている友人から、よく積極的だといわれる」「研究室の教授から、これまでの私の教え子で一番詳細にデータをとる学生だと評価された」など、アピールポイントに関する第三者の評価を伝えるのも印象に残る方法です。

　そして、面接官に強い印象を残すためには、**自分の経験や能力について自信を持って話すことが大切です。**堂々とした態度ではっきりと述べることで、面接官に「届きやすい言葉」になるのです。

✓Check Point

☑ 自分に対する理解	自己分析などの結果、自分のアピールポイント等について整理をする。
☑ 内容の整合性	アピールポイントやエピソード等での内容に矛盾がないようにする。
☑ 他人の評価を伝える	他人に評価された自分のよい点を話に盛り込む。
☑ 自信を持って伝える	自信を持ってハキハキと話す。
☑ 独りよがりでないアピール	相手にわかりやすくアピールする。専門用語の多用など、優秀さをアピールするあまり悪いイメージにならないように注意。

面接会場の空気を読んでの
受け答え

仕事は主にチームで行いますから、場の空気を読む力はとても大切です。
それは、相手のことを考えた言動がとれるということでもあります。

周囲を考えない回答は協調性が疑われる

　場の空気が読めるか読めないかは、チームで行う仕事上とても重要な能力です。**空気を読めないと判断されるNG行動の一つが、回答する時間が極端に長すぎるケースです。**面接の段階によって異なりますが、一般的に面接での回答は原則1分程度が目安になってきます。必要性がないのに長々と何分も話を続けるというのは、それ自体で場の空気を読めない人物だと思われてしまいます。

　特に集団面接であればなおさらです。周囲を考えない長い時間の回答は、協調性がないと判断されてもしかたありません。

［ やってはいけない！NG例 ］

当社の創業者について知っていることを教えてください。

えっ！　創業は戦前だということまでは知っているのですが……。今の社長とは関係がある方でしたか？　えーと、業界では戦前から有数の大手企業だということは……。

知らなかったことはどうしようもないので、「勉強不足です。知りませんでした」など素直に知らないことを伝えよう。その後、慌てないで対応することが重要。

正解例　御社の創業者の方については、私の勉強不足で存じませんでした。御社をここまで拡大してきた重要な方でしょうから、早速、勉強し直したいと思います。

▶ 質問するためのリズムを考慮

　話の勢いが止まらず、面接官の言葉を遮ってしまうような行為もマイナス材料でしかありません。いかに話したいことが次から次へとあったとしても、面接官が質問するリズムも考えて、早口にならないようにし、要点を絞って話す必要があります。

　矢継ぎ早に話す人もいますが、**基本は言葉のキャッチボールを意識することです**。面接官が適度に話に入ってこられるよう、一呼吸置いて話すことを心がけるとよいでしょう。

準備していない回答でも自然に答える

　想定外の質問がされて、動揺して不自然な回答になってしまったり、話が止まってしまったりするケースもありますが、面接官は**イレギュラーな質問に答えられるような臨機応変さにも注目しています**。前もって準備していなかった質問であっても、自分の武器である自己PRをベースに、自然体で受け答えすればよいのです。

　慌てて、これまで話していた内容と反することをいい出したり、客観性を失ったりしないよう、どんな質問であっても冷静に対応することを意識しましょう。

✓Check Point

☑ 適切な長さの回答時間	面接の段階に応じて、回答時間を適切な長さに調整する。
☑ 早口になっていない	面接官の話すテンポと同じ程度のスピードで回答する。話し終えたら、矢継ぎ早に話し続けるのではなく、面接官の質問を待つ。
☑ 他の就活生の邪魔をしない（集団面接）	集団面接では、他の就活生の回答のことも考慮して、長々とは話さない。
☑ 臨機応変な回答	想定していない質問が来ても、臨機応変に慌てずに対応する。
☑ 自然な会話ができている	自然な会話の流れを作り、面接官とのコミュニケーションを大切にする。基本的な丁寧な言葉遣いや明るい態度での対応も重要。

定量化された言葉
で話す

企業が就活生のリアルな人物像を探ろうとする面接において、数字はその
イメージを大きく補完する役割を果たします。

面接官に数字で強くアピール

　面接で求められる要素の一つが具体性であり、具体性の最たるも
のが数字です。数字で目的に至るまでのプロセスや結果などを表す
定量化は、物事を客観的にとらえるのに有効であり、定量化の考え
方を意識して話すことは面接において重要です。**結果やプロセスを
伝える際、数字を交えることにより、強力な説得力を持たせること
ができるからです。**

▶ **能力が手にとるようにわかる**
　「大学では英語の勉強に力を入れました」といわれても、どの程

[やってはいけない！NG例]

学生時代の印象に残ることを教えてください。

アルバイト先で、新商品の売り方のアイデアを店長から求め
られ、手書きのPOPをつけるというアイデアを提案し、新
商品をすべて売り切って、店長から感謝されたことです。

**新商品の在庫がどのくらいあって、当初の目標はどのくらい売るつ
もりだったのかなど、もう少し具体的な情報が欲しい。**

正解例
　　　イベントでのビールの売り子で、ビールを1日156杯売って、その日の
MVPになったことです。それまでの記録は140杯だったのですが、積
極的にテーブルを回って声をかけることで記録を更新しました。

度努力したのか面接官には伝わりません。その点「大学に入学して
から週に3回TOEIC®L&Rテスト専門の塾に通い、当初400点だっ
たスコアを850点にまで伸ばしました。在学中には900点を目指し
ます」といわれれば、就活生が傾ける熱意や努力、能力が手にとるよ
うにわかります。面接官は、候補者がこれまでにどのようなプロセス
を経て、どのような実績をあげたか、成果を出したかを知りたいと考
えているため、数字を用いることは強いアピールとなります。

数字を効果的に用いて説得力を持たせる

　数字を用いることは、成果や実績を客観的に証明できるだけでなく、
論理的な思考力を示す手段にもなります。会社の改善点などを面接
で問われた際、「原価を40%抑えられる東南アジアから素材を輸入
することで、御社の昨年の粗利益を25%アップさせる戦略を検討し
てみました」などとアピールすれば説得力も生まれます。数字を分
析し、結果や傾向を読み取ることには、論理的思考力や分析能力が
必要なので、**自分がそれらの能力を持つことを訴えることができます。**
　ただし、数字だけに頼らず、数字の背後にあるストーリーや意義
を伝えることも大事なこと。数字は補完的な要素として回答の要所
で用いることで、効果が高まると考えておきましょう。

✓Check Point

☐ 数字で具体性を表現	数字を用いて、経験や成果を抽象的な言葉だけでなく、具体的な数値として伝える。
☐ 論理的な思考力を示す	数字を用いることで論理的思考力があることを面接官にアピールする。
☐ 数字で他の就活生との差別化・印象づけ	他の候補者との差別化や印象づけにつながる数字の使い方をする。数字はわかりやすい情報なので、面接官の印象に残り、覚えやすい要素。
☐ 数字を補完的に用いている	数字は補足的な位置づけであり、その背景やストーリーがしっかりしていることが大前提であることを理解して用いる。

言葉に詰まった場合の対処術

面接では想定していなかったことが起こるものです。そんなときはパニックにならず、冷静になって対処することが何より重要です。

言葉に詰まったあとの対応がカギ

面接の受け答えで、言葉に詰まってしまうケースは少なくないものです。特に就活生が予期していなかった質問がされたときや、知らないことが問われたときなどに起こりがちです。

緊張感ある雰囲気の中で、なおかつ人生が大きく左右される面接では、誰しもそのような状況に陥る可能性はあります。知っておきたいのは、**言葉に詰まったとしても、面接官は決してマイナスにとらない**ということです。このことを知っておけば気も楽になるはずです。しかし、その後の対処が重要で、面接官は就活生がどう対処するかについて注目しています。

仕事では、商談や会議など緊張感のある場面が日常的に出てきます。

[やってはいけない！NG例]

学生の目線で見て、弊社に欠けている要素は何だと思いますか？

 ……（しばらく沈黙。数秒後）ちょっと思い当たりません……。特にないかと思うのですが。

 自分が想定していなかった質問の際に起こりがちなケース。頭が真っ白になり、すぐに対応ができなくなったあとに、「特にない」という最悪の回答をしてしまっている。

 正解例　学生から見た視点で、ということですね……。若い世代を意識し、SNSでの発信を積極的に活用することも大事だと思います。

そのような場面でつまずいても、**しっかり対応できる人物であるかを面接官は見ている**のであり、面接でも立て直して対処できる人の評価は高くなります。就活生にこのような力があるかチェックするため、わざと回答に詰まってしまう質問をしてくる面接官もいますので、以下に紹介する対処法を知っておくとよいでしょう。

言葉に詰まって対処ができないのはNG

面接中に言葉に詰まってしまった際、よくないのは、そのまま長く黙り込んでしまうことです。また、言葉に詰まった瞬間にパニックになってしまうのも悪い評価に直結します。何も考えずに答え始めるのもNGです。

対処方法としては、とにかく落ち着くことです。**軽く深呼吸をして気持ちを整えたり、「申し訳ございませんが、少々お待ちください」と伝えたりして、しばらく自分の考えをまとめてから発言してもよいでしょう。**また、知らなくて答えられない質問に対しては、素直に「知りませんでした。面接後にすぐに調べたいと思います」と伝えれば問題ありません。わずかでも考える時間が欲しい場合には、質問をそのまま復唱して時間を稼ぐのも対処法の一つです。

✓Check Point

☑ 言葉に詰まっても評価に影響しないことを理解	言葉に詰まること自体は、評価を大きく下げる要因ではないことを理解する。その後の対処が重要。
☑ 深呼吸をして対処	言葉に詰まったときは、深呼吸をして気持ちを切り替える。
☑ 緊張をコントロール	話す際に身振り手振りを交えて緊張をコントロールするなど、過度な緊張から脱する方法を見つけておく。
☑ 焦らずに、考え直す	言葉に詰まっても、焦らずに質問の内容や自分の回答を振り返り、じっくり考え直す。知らないことについては、知らないと素直に伝える。
☑ 質問を復唱して時間を稼ぐ	質問を復唱しながら、質問にどう答えるか検討する。ただし、「あー」や「えーと」などの言葉をつかうのは、よくない印象を与えてしまうので注意する。

面接でのNG回答

①自分ばかり話す

　面接ではアピールすることばかりにとらわれてしまい、緊張もあいまって絶え間なく話し続けてしまう人がいます。集団面接であっても個別面接であっても、コミュニケーションが円滑にとれるかどうか、会話のキャッチボールができるかどうかに、面接官が注目していることを忘れないようにします。そのうえで、自分を精一杯表現すればよいのです。

②知ったかぶりをする

　「弊社の創業時のエピソードで知っていることは？」など、知らないことを問われたときは、素直に知らないと伝えます。「創業時のエピソードについては企業研究で追いかけていませんでしたが、帰ってすぐに調べたいと思います」など、動揺せずに対応するのがベターです。

③部活・サークルやゼミなどについて「所属していません」と回答

　定番の質問として、部活・サークル、所属ゼミや研究室、アルバイトを問われることがあります。これらに所属していない場合、「所属していません」の一言で終わらせてしまうのはNG。企業が知りたいのは集団の中での就活生の行動や学び方です。

　大学時代にとらわれず、組織の中で活動したことや、目上の人との活動などについて述べるとよいでしょう。ゼミや研究室の内容への質問ならば、「ゼミには所属していませんが……」と前置きし、通常の学部での学習について伝えればよいのです。

④給料や福利厚生、休日などへの強い関心

　「最後に何か質問はありますか？」と問われ、給与や福利厚生、条件についてだけを聞くのは印象がよくありません。それ以外の仕事内容や働き方などには興味がないのかと思われてしまいます。仕事内容等をメインに、どうしても気になる条件等での質問があれば、合わせて聞くくらいの感覚でいましょう。

第 **7** 章

面接対策
チェックリスト

この章では、面接対策として確認しておきたい事項についてまとめてあります。チェックリスト形式になっているので、該当したり理解できたりしているものには、チェックマークをつけていきましょう。

企業との連絡時のチェックリスト

電話でのやりとりのポイント&チェックリスト

　面接前に、面接日時の変更や面接時間に遅れそうな場合など、電話でのやりとりが出てくることもあります。**面接官は適切な電話応対ができるかどうかについてもチェックしており、評価の対象になります。**よい印象を残すためにも、最低限のマナーを知っておきましょう。以下、企業から電話をもらったけれども出られなかったので、電話を折り返したケースです。

「わたくし、〇〇大学〇〇学部の清水里美と申します。人事部新卒採用ご担当の佐藤様（名前がわからなければ「ご担当者様」）はいらっしゃいますでしょうか？」

☑ 必ず大学名と氏名を名乗る。電話の相手が代わった場合も再び名乗る

↓

「お忙しいところ、失礼いたします。私、〇〇大学の清水里美と申します。先ほどお電話をいただきましたが、移動中で電話に出られずに申し訳ございませんでした。今、少しお時間よろしいでしょうか」

☑ 日時等の変更の指示を受けた際は、復唱する

「かしこまりました。<u>6月20日水曜日の15時に御社にうかがいます</u>」

「<u>お忙しい中、お時間をいただき、ありがとうございました。それでは失礼します</u>」

☑ お礼を述べて、相手が電話を切るのを待つ

☑ 明瞭な発音と適切な敬語、礼儀正しい言葉遣いをする

☑ 暗い印象を与えない　　☑ メモを用意し、用件を記す

☑ 就業時間外や昼休みの時間帯を避ける

面接の前後には、企業と電話やEメールでのやりとりが出てきます。ネガティブな印象を持たれないよう基本的な文例等を確認しておきます。また、電話やEメールで連絡する際は、下記の点に注意するようにします。

Eメールでのやりとりのポイント&チェックリスト

以下は、面接後に面接官へ送った、面接をしてもらったことに対するお礼のEメールです。OB・OG訪問の際のお礼のケースでも基本は同じです。

件名：面接の御礼（○○大学　高橋智）

株式会社○○○○
人事部　井上様

お世話になっております。
本日3時より面接をしていただいた高橋と申します。
本日はお忙しい中、面接の機会をいただきまして
誠にありがとうございました。

井上様のお話をうかがい、
貴社の社風や、活躍するために必要なスキルについて
理解を深めることができ、
貴社で仕事をしたいという思いをさらに強めました。

まずは、面接のお礼を申し上げたく、メールいたしました。
末筆ながら貴社のますますのご発展と
ご活躍をお祈り申し上げます。

○○大学○○学部　高橋智
〒000 - 0000
東京都新宿区XX町2-6-9
電話：070-XXXX-XXXX
メールアドレス：satorutakahashi@xxxxx.com

☑ 件名には用件に加え、大学名と名前を入れる

☑ Eメールでは読みやすさを優先して、きりのよい箇所で改行する

☑ メールアドレスは、社会人にふさわしいものを作っておく

☑ 面接から日にちを空けずにメールをする

☑ 誤字や脱字がないようにする

☑ 感情的な表現などは避け、ビジネスにふさわしい文面に

☑ 面接で話し合った内容や共有した情報に触れる

☑ 文章が過剰に長すぎないようにする

身だしなみチェックリスト

- [ ] 全体的に清潔感があるか
- [ ] 髪型は清潔で整っているか
- [ ] 面接に適した髪型、色か
- [ ] 前髪は目にかかっていないか
- [ ] 髭の剃り残しはないか
- [ ] 眉毛は自然に整っているか
- [ ] 爪はきれいに整っているか、伸びすぎていないか
- [ ] 口臭は気にならないか、歯磨きはしたか
- [ ] 汗臭くないか、たばこ臭くないか
- [ ] スーツの色は黒かネイビー、ワイシャツは基本の白か
- [ ] スーツやシャツにシワがないか
- [ ] スーツのスラックスのセンターに折り目がついているか
- [ ] ワイシャツの一番上のボタンをとめているか
- [ ] 襟や袖口は汚れていないか
- [ ] ボタンはとれかかっていないか
- [ ] ポケットにたくさん物を詰め込んでいないか
- [ ] ネクタイは青、赤、黄色の基本の色で、柄はストライプやドット、小紋柄などを選んでいるか
- [ ] ネクタイはシワがなく、正しく結べているか
- [ ] ネクタイの結び目は緩んでいたり、曲がったりしていないか
- [ ] 靴下の色はズボンや靴とマッチしているか（原則、黒や紺）
- [ ] 靴に汚れはないか
- [ ] 靴のかかとはすり減っていないか
- [ ] 靴は面接に適した色・デザインか
- [ ] 眼鏡は汚れていないか
- [ ] 腕時計はしているか

長髪は避けたい。色は黒が基本

ネクタイは派手すぎない柄と色を選ぶ

靴の色はスーツに合った黒や茶に、デザインはフォーマルなものを選ぶ

企業によって、身だしなみ等に対する要求が異なることもあるため、迷っている場合は、事前に面接官などに確認しておくことが大切です。なお、多様なあり方があるので、ポイントは一例としての参考にしてください。就活として、相手が持つ印象を意識するとよいでしょう。

髪色は黒が基本だが、ダークブラウンもOK

スーツはスカートでもパンツでもよい

靴の色はリクルートスーツに合う黒が基本で、ヒールが高すぎないパンプス

ストッキングの色はベージュなど

☑ 全体的に清潔感があるか

☑ 髪型は清潔で整っているか

☑ 面接に適した髪型、色か

☑ 前髪は目にかかっていないか

☑ 派手なヘアアクセサリーはつけていないか

☑ 眉毛は自然に整っているか

☑ 爪はきれいに整っているか、伸びすぎていないか

☑ マニキュアの色は薄いピンクやベージュなど、肌に馴染む色か

☑ 口臭は気にならないか、歯磨きはしたか

☑ 香水などは控えめにしているか

☑ スーツの色は黒かネイビー、ワイシャツは基本の白か

☑ スーツやシャツにシワがないか

☑ ワイシャツの一番上のボタンをとめているか

☑ 襟や袖口は汚れていないか

☑ ボタンはとれかかっていないか

☑ ポケットにたくさん物を詰め込んでいないか

☑ ストッキングを着用しており、色は面接に適した色か

☑ ストッキングは伝線していないか

☑ 靴に汚れはないか

☑ 靴のかかとはすり減っていないか

☑ 靴は面接に適した色・デザイン、ヒールの高さか

☑ メイクをしており、化粧崩れはしていないか

☑ メイクは清潔感を意識した薄化粧になっているか

☑ 眼鏡は汚れていないか

☑ 腕時計はしているか

面接時のチェックリスト

面接前のチェックリスト

☐ 指定時間の10分前に建物の前に、受付には5分前に到着する（会社の建物が大きい場合は、それも見越して早めの行動）

☐ スーツに汚れやシワがないか、髪の毛が乱れていないか確認する

☐ 受付では大学名と氏名、本日の用件をはっきりと伝える

☐ 面接が開始されるまでの待っている間に飲食などはしない

☐ 面接が開始されるまでの待っている間、スマートフォンをずっと触り続けない

☐ 面接が開始されるまでの待っている間に、他の就活生と長々と無駄な話をしない

☐ 面接室に入る前にスマートフォンの電源は切る

面接室のチェックリスト

▶ **入室→着席**

☐ 入室時はドアを3回ノックする

☐ ノック後、中から「どうぞ」という声がしたら、ドアを開ける

☐ ドアを開け、入室する前に「失礼します」と挨拶をする

☐ 入室後、面接官の目を見てからドアを静かに閉める

☐ ドアを閉める際は、お尻は面接官に向けない

▶ドアを閉める際の動作

面接は、企業の最寄りの駅に着いたときから始まっているという意識を持っておきましょう。そのうえで、面接時のポイントをしっかり押さえておきます。面接は、大きくは、面接前、面接室（着席まで、面接中、退席時）に分けることができます。面接時の持ち物についても見ていきます。

☑ 面接室のドアの前で、面接官に向かって「よろしくお願いします！」と一礼する（30度のお辞儀）

☑ 席まで歩いていき、席の横に立つ

☑ 立ったまま「○○大学○○学部の○○と申します。よろしくお願いいたします」といってから、最敬礼のお辞儀をする（45度のお辞儀）

☑ お辞儀は、頭を下げた際に少しためを作り、動作にメリハリのあるお辞儀をする

☑ 面接官に「おかけください」と促されたら、「失礼します」といってお辞儀をし（15度のお辞儀）、席に座る

☑ 持っているカバンは椅子の横あたりの床へ置く

[お辞儀のパターン]

15度
▲会釈

30度
▲敬礼

45度
▲最敬礼

▶ 面接中

<input disabled="" type="checkbox"> 座席には深く座りすぎないようにする（背もたれとの間にこぶし1つ分
くらいのスペースを空けるイメージ）

<input disabled="" type="checkbox"> 背筋をまっすぐに伸ばし、あごを少し引いた姿勢を保つ

<input disabled="" type="checkbox"> 背もたれにはもたれない

<input disabled="" type="checkbox"> 足を肩幅程度に、広げすぎないで座る／足を揃える

<input disabled="" type="checkbox"> 手は軽く握った左右のこぶしをそれぞれの膝の上に置く／左手を上にし
てももの上で重ねる

▲面接中の座り方

<input disabled="" type="checkbox"> 明るい表情や笑顔でいることを意識する

<input disabled="" type="checkbox"> 聞き取りやすいハキハキとした話し方をする

<input disabled="" type="checkbox"> 時折、身振り手振りを交えながら、熱意を持って話す

<input disabled="" type="checkbox"> 過剰に緊張することなく、適度にリラックスする

<input disabled="" type="checkbox"> 緊張のあまり、体をむやみに動かすなど、落ち着きのなさが伝わるよう
な言動はしない

<input disabled="" type="checkbox"> 複数いる面接官の目を適宜それぞれしっかりと見る

<input disabled="" type="checkbox"> 正しく敬語を使う

<input disabled="" type="checkbox"> 「ヤバイ」「超」など若者言葉を使わない

<input disabled="" type="checkbox"> 面接官が何か質問するまでは、自分からは話し始めない

▶ 面接終了→退席

<input disabled="" type="checkbox"> 面接終了後、面接官が離席を促したら、席を立ち、「本日はお忙しい中、
お時間をいただきありがとうございました」と一礼する（45度のお辞儀）

☐ ドアの前まで来たら、面接官のほうを振り返り、「失礼いたします」と一礼する（30度のお辞儀）

☐ 顔を上げたあと、面接官の目を見ながら静かにドアを閉めて退室する

▶面接官の目を見るのがポイント

☐ 面接室を出ても、面接会場をあとにするまで面接室と同じ意識で緊張感を保つ

面接での持ち物のチェックリスト

☐ 持っていくカバンの色は黒、紺、ベージュ、茶などのビジネスバッグ。資料などを入れることを考え、A4サイズが折れずに入るもので、自立するタイプのもの

☐ スーツに合ったシンプルな腕時計

☐ スマートフォン

☐ モバイルバッテリー

☐ 筆記用具・メモ帳

☐ ハンカチ・ティッシュ

☐ 印鑑

☐ マスク（着脱は企業の方針にしたがう）

☐ コンタクトレンズや眼鏡の予備

☐ くし

☐ 整髪料

☐ ストッキングの予備

☐ 化粧品

☐ 提出書類（企業側が指定している書類）

☐ 提出済のエントリーシートの控え（面接に備えての確認用）

☐ 会社案内、企業分析・自己分析をまとめたノート等

☐ 面接で披露するためのプレゼンテーション用の資料等

面接ノート作成のチェックリスト

面接ノートのポイントと例

　最終面接を受けるまでには、エントリーをして、エントリーシート提出、会社説明会、一次面接、二次面接……と段階を経ていくため、**それらで聞いた内容、話した内容を整理して面接ノートに記入するのが内定への近道**といえます。面接ノートには、下記の要素を入れるようにするとよいでしょう。

- [ ] アクセスや面接官、連絡先なども含めての企業の情報
- [ ] 企業の選考基準や求める人物像
- [ ] 企業の定めた面接の全体の流れ
- [ ] OB・OG訪問やリクルーター面談等が行われていれば、そこで聞いた内容や自分が質問した内容、話した内容
- [ ] インターンシップに参加した際に得た情報、そこで自分が得た経験、感じたことなど
- [ ] 会社説明会に参加した際に得た情報、そこで自分が質問した情報、感じたことなど
- [ ] 面接の日時、形式、面接を一緒に受けた就活生の数、面接官の数
- [ ] 面接で面接官にされた質問の内容および自分が答えた内容を、できるだけ詳細に
- [ ] 面接における自分の回答に対しての面接官の反応
- [ ] 次の段階の面接の対策
- [ ] 面接の結果
- [ ] 志望度の変更等

　次ページは面接ノートの一例です。この例をベースに自分なりの面接ノートを作成するようにしましょう。

面接ノートは就活では不可欠なものです。就活生は複数の企業の面接を受けるため、面接ノートとして、どこの企業でどんな話をしたかを整理しておかなければわからなくなってしまうからです。チェックリストとともに、面接ノートの記入例についても載せておきます。

◇企業情報

企業名	○○○○株式会社	業種：金融業
最寄駅	○○○駅	東口徒歩5分　コンビニの横のビル
面接官	人事部採用課　○○様	特徴：30歳くらい、女性
連絡先	03-XXXX-XXXX（採用課直通）	

◇面接前の企業とのコンタクト

エントリー	実施日：3月X日	○○ナビでエントリー

採用予定人数：50名程度（昨年実績：30名）
選考の流れ：書類選考＋適性テスト→ 一次面接（集団）→二次面接（個人）→最終面接（個人）
　※面接官3名
選考基準：面接重視、人物本位
求める人物像：高い倫理観を持ち、自分の考えたことを相手に伝える力を持つ人物

会社説明会	参加日：4月X日 13:00	場所：本社6階　会議室

参加者：約70名　　　　　　　解説：人事部の○○様が担当
内容：企業および業界の近年の状況、具体的な仕事内容やキャリアアップの方法、選考の流れ
面接の情報：業界への関心度、自身の将来のビジョンについて面接で聞くとのこと
質問：志望する法人営業部で活躍されている社員の特徴について質問。企業の回答は、「明るく、
　コミュニケーション力があり、計画性の高い人物」であるとのこと

◇面接の内容

一次面接	実施日：5月X日　10:00	形式：集団面接

概要：面接官3名、学生6名、30分
質問：自己PR／あらかじめ用意していた1分バージョンの内容　　志望動機／業界の社会に与える影響の大きさ、重要性を自分の考えを交えてアピール。エピソードはバイトリーダーの件
面接官の反応：業界への興味の高さで他の就活生との差別化がはかれ、興味を持ってもらえた
次の面接での課題：志望動機の回答に対して、もう少し詳細な動機を説明したい

結　果	連絡日：5月X日	通　過

二次面接	実施日：5月X日　14:00	形式：個人面接

概要：面接官3名、30分
質問：志望動機／一次面接の内容の掘り下げ。志望する法人営業部についての志望の根拠をアルバイト先での体験をベースにアピール。法人営業部に配属されたら、地域の商店街の街作り活動にも協力していきたいことを伝えた　　学生時代について／サークルの大会前にモチベーションを高めるためにリーダーシップを発揮し、サークル内の雰囲気を盛り上げた話
面接官の反応：志望動機では会話のキャッチボールが繰り返され、手応えは十分
次の面接での課題：最終面接では企業選びの軸をしっかり説明し、志望度をアピールしたい

結　果	連絡日：5月X日	結果待ち

監修／Abuild就活（アビルドしゅうかつ）

戦略就活で即戦力内定を実現するキャリア構築サービスによって、外資系投資銀行、外資系コンサルティング、国内大手など一流企業への内定者を続々と輩出する。徹底したカリキュラムにより、揺るぎない軸が見つかり、理想のキャリアを実現。内定をとるだけでなく、社会人としても活躍できるスキルを身につけられると好評を得ている。無料就活カウンセリングも実施中。https://abuild-c.com/

◆本文デザイン／松倉浩、鈴木友佳
◆イラスト／町田直子（Studio Moon）
◆DTP／阿部美恵子、小山弘行
◆編集協力／有限会社コンテンツ、NINJAPAN株式会社（新井翔太、山﨑慶勝、尚山樹）、高田修一、谷中明、林智史
◆企画編集／成美堂出版編集部

本書に関する正誤等の最新情報は、下記のURLをご覧ください。
https://www.seibidoshuppan.co.jp/support/

上記URLに掲載されていない箇所で、正誤についてお気づきの場合は、書名・発行日・質問事項・ページ数・氏名・郵便番号・住所・ファクシミリ番号を明記の上、**郵送**または**ファクシミリ**で成美堂出版までお問い合わせください。

※電話でのお問い合わせはお受けできません。
※本書の正誤に関するご質問以外はお受けできません。また面接指導などは行っておりません。
※ご質問の到着確認後10日前後で、回答を普通郵便またはファクシミリで発送いたします。

面接&自己PRの正解例

2023年12月30日発行

監　修　Abuild就活（アビルド　しゅうかつ）

発行者　深見公子

発行所　成美堂出版
　　　　〒162-8445　東京都新宿区新小川町1-7
　　　　電話(03)5206-8151　FAX(03)5206-8159

印　刷　広研印刷株式会社